PREMIER CAHIER DES OPÉRATIONS DE LA COMPAGNIE FLACHAT, LAPORTE ET CASTELIN,

Adressé au Corps législatif, au Directoire exécutif, aux ministres de la guerre, des finances et de la justice, et aux commissaires de la trésorerie nationale.

Opérations de Livourne.

Si nous nous sommes soustraits à l'ordre incompétent qui nous traînoit en Italie devant un conseil de guerre, c'est que nous avons craint avec raison que la force n'y étouffât notre défense, et que la haine toute-puissante ne nous immolât sans nous entendre. Au moment où nos juges naturels nous seront rendus, nous promettons de n'en récuser aucun, et de nous présenter sur-le-champ.

Mais, en attendant cet acte de justice, nous prendrons pour juges le gouvernement lui-même et la République entière : nous leur rendrons compte de toutes nos opérations; nous

A

ferons imprimer et tous les détails et toutes les pièces. Nous ne craignons pas la lumière, nous desirons que l'œil du public et l'attention des autorités parcourent et scrutent notre conduite.

Nous commençons aujourd'hui par exposer quelles ont été nos opérations à Livourne, parce que ce sont celles que le Directoire abusé a d'abord indiquées dans le premier article des *considérant* de son arrêté du 21 pluviôse (1) : nous en userons de même pour les autres. Pour quiconque lira cet écrit, ce sera un profond sujet d'étonnement de voir à quel degré on peut soulever la prévention contre les actes et les hommes les plus irréprochables, et démentir les vérités les plus évidentes.

Nous ne perdons pas l'espérance que le Directoire reconnoîtra le premier combien sa justice a été trompée. Sans doute alors il s'empressera de révoquer des mesures où il a été poussé par des suggestions perfides, auxquelles les hommes qui gouvernent ne sont malheureusement que trop exposés.

Faits antérieurs à nos opérations.

Le général français, en entrant à Livourne, fit une proclamation par laquelle il déclaroit *prises maritimes* toutes les propriétés anglaises qui s'y trouvoient. Cette déclaration mettoit toute l'affaire dans la main du consul, et son importance exi-

---

(1) *Le Directoire exécutif. . . . . . considérant 1° que les citoyens Flachat, Lapoite et Castelin, ont été* CHARGÉS DE LA LEVÉE DIRECTE, *entre autres, des contributions prises à Livourne sur les négocians détenteurs d'effets appartenans aux Anglais, et qu'ils sont prévenus d'avoir prévariqué dans les opérations relatives à cet objet.*

geoit des mesures extraordinaires. Le consul de Gênes et le citoyen Frederici, consul de la Spezia, se réunirent à Livourne au citoyen Belleville, consul général de Toscane. Ils érigèrent une commission consulaire qui fut chargée de toutes les opérations, fit la recherche de toutes les propriétés anglaises, les transporta et consigna dans des dépôts, reçut toutes les dettes actives, poursuivit les détenteurs et transigea avec eux, jugea les réclamations des propriétaires neutres ou alliés. Cette commission avoit une caisse où il a dû être versé des sommes considérables. Nous savons que dans le principe cette caisse étoit confiée au sieur Bocti, Egyptien, et qu'elle l'a été ensuite et l'est peut-être encore en ce moment au Juif Bacry, en vertu d'un arrêté des commissaires du gouvernement.

La masse de ces prises anglaises ramassées par la commission eut divers écoulemens. D'abord les commissaires de la marine en retirèrent tout ce qui pouvoit être utile à cette partie si étendue du service public; d'autres commissaires en séparèrent pareillement tout ce qui pouvoit s'appliquer aux besoins de l'armée française en Italie. Enfin il existoit une foule de réclamations des consuls et des négocians neutres et alliés sur lesquelles la commission prononçoit de fréquentes restitutions. Tout cela a été totalement étranger à la compagnie.

Opérations de la compagnie.

Ces choses se passoient à Livourne lorsque le gouvernement, jugeant convenable d'appliquer aux besoins de la trésorerie nationale quelque partie des contributions levées et des prises faites en Italie, traita avec notre compagnie pour la *conversion* et le *versement* en France de ces produits de la victoire. Ce traité, conclu le 19 messidor, reçut une ampliation le 28 du même mois. L'un et l'autre se trouveront aux pièces justificatives, sous le N°. I. On y remarquera que le gouvernement traite avec nous en notre qualité de *maisons de commerce associées ;* que l'article III stipule expressément que nous ne nous *immiscerons en aucune manière dans la levée ou la répartition des contributions* (1), et qu'enfin il ne s'agit d'autre chose que d'opérations de *change*, de *banque* et de *commerce.*

Cet arrangement fait à Paris à la fin de messidor, il s'écoula un mois avant que notre maison de Livourne fût en mesure de lui procurer quelque exécution ; car ce traité ne nous donnoit ni fonction ni pouvoir, et nous fûmes obligés d'avoir recours aux commissaires du gouvernement. Il avoit déja été disposé d'une grande partie des prises de Livourne, et le reste étoit sous la main du consul général.

Cependant, le 8 fructidor, le consul se mit en devoir d'effectuer la remise des effets dont nous étions chargés de faire la vente. Il nomma son expert, et notre maison en nomma un autre. Il fut procédé à la vérification, pesée et estimation des marchandises. Le citoyen Frederici, consul de la Spezia, chef du bureau des prises, et chargé de pouvoirs spéciaux du consul général, nous fit la remise desdites marchandises estimées, et ensuite des clefs des magasins, dont nous lui donnâmes notre chargé. Toutes ces opérations durèrent, sans interruption, depuis le 8 fructidor jusqu'au 8 vendémiaire, et elles sont consignées dans trois procès-verbaux qui seront aux pièces justificatives, sous le N°. II.

---

(1) Comparez ces expressions de notre traité à celles de l'arrêté du Directoire, qui assure que nous avons été *chargés de la levée directe des contributions.*

Les estimations du premier procès-verbal s'élèvent à 69,049 l. 2 s. 7 d. piastres de 8 réaux ; celles du second à 27,359 liv. 10 s. 7 den. ; celles du troisième à 39,496 liv. 13 s. 2 den. : à quoi il faut ajouter 508 liv. 1 s. 8 den. pour l'estimation de trente-deux pièces de velours, qui, dans le temps de la vente, furent découvertes par notre maison dans un magasin de la République où elles avoient été oubliées, et qui, sur l'avis qu'elle en donna au consul, furent, par son ordre, estimées et comprises dans la vente : ces diverses sommes réunies produisent en piastres de huit réaux, la somme de 136,413 liv. 8 sous.

Voilà avec précision tout ce qui nous a été remis des prises de Livourne. Il y avoit bien encore des marchandises dans les douanes et dans les lazarets ; mais elles étoient sujettes à tant de réclamations, que le consul ne jugea pas à propos d'en disposer, et il est probable qu'elles sont encore intactes. Il écrivit à notre maison, le 25 brumaire : « J'avois prévu vos justes » observations, citoyens, et je me serois empressé de vous » faire remettre ce qui reste à vendre des objets appartenans » à la République à Livourne ; mais tout ce qui est *disponible* » *dans ce moment*, comme je vous l'ai dit, *se réduit à-peu-près* » aux tableaux et quelques meubles restés dans la maison du » consul d'Angleterre, les autres logemens étant tous occupés. » Je prie le citoyen Frederici de vous voir, de s'entendre » avec vous pour faire transporter dans cette maison le reste » des meubles qui ne servent pas, et de vous remettre sur- » tout le peu d'argenterie qui a été trouvée. *Le tout vous sera* » *consigné sur inventaire*, et vous pouvez le vendre le 27. » Les détails de mes fonctions de consul, les ordres de tout » genre que j'ai à exécuter, les services dont le général en » chef et le commissaire du gouvernement me chargent, ne

» n'ont pas permis de faire mettre plutôt entre vos mains
» ce reste, qui, quoique peu important en soi, n'en doit
» pas moins être vendu par vous. »

Ce reste ne fut pourtant pas remis, parce qu'arriva alors la lettre du ministre des finances qui amena le nouveau traité du 3 nivôse dernier.

Ainsi ce que nous avons reçu ne peut être contesté et ne le sera certainement pas. Le tout est consigné dans trois inventaires estimatifs que nous représentons. Nous allons maintenant en démontrer l'emploi.

A la forme de notre traité, nous devions vendre les prises par la voie du commerce; les commissaires préférèrent l'enchère publique, et nous y consentîmes sans balancer. Notre maison de Livourne fit faire les affiches par divisions de lots et qualités de marchandises, et elle en envoya à tous les ministres de la République française en Italie et en Suisse. Elle s'efforça d'accroître, par tous les moyens possibles, la concurrence des acheteurs.

Pendant qu'elle prenoit ces soins, la quantité des marchandises qui lui avoient été remises tendoit à s'affoiblir. Notre maison fut requise de livrer quelques marchandises dont l'hôpital militaire de Livourne avoit besoin. Elle exigea que ces réquisitions fussent approuvées par le consul avant de s'y conformer. On trouvera sous le Numéro III ces diverses réquisitions, les récépissés dont elles ont été suivies, et le compte des objets ainsi retirés de nos mains sur le pied de l'inventaire estimatif, et montant ensemble à 546 piastres 1 liv. 4 sous.

Mais il ne tarda pas à se faire, sur notre dépôt, une levée bien plus considérable. Nous avons exposé qu'avant les opérations de notre compagnie, des commissaires avoient retiré des prises tout ce qui avoit été jugé nécessaire pour l'armée. Cela n'empêcha pas que le consul nous intima le 25 vendémiaire l'ordre du général Buonaparte de retirer de nos magasins tout ce qui seroit désigné pour le service de l'armée. La liste nous fut notifiée par le général Serrurier, commandant à Livourne. Nous représentâmes vainement que cette distraction étoit bien tardive sur des marchandises dont la vente étoit affichée, et qui venoient de supporter de gros frais de transport, de réparations, de pesée et d'estimation, et qu'il y avoit d'ailleurs des articles dont l'utilité pour l'armée paroissoit douteuse, tels que des draps fins de toutes couleurs, et une forte quantité de sucre. Tout cela fut inutile, et on nous enleva à-peu-près le quart de toutes les prises dont la vente nous étoit confiée, c'est-à-dire pour la valeur estimée de 27,189 piastres 7 s. 8 den. La lettre du consul général et la décharge qui nous fut donnée, seront placées sous le N°. IV.

Heureusement l'époque de la vente arriva. Elle se fit avec solemnité et grand concours. Le général Serrurier y assista, le consul général et le consul Frederici ne la quittèrent pas un instant. Le produit passa toutes les espérances, et offrit un bénéfice de 30 pour cent sur les estimations.

Ce fut au milieu du succès des soins et de l'infatigable vigilance de notre maison de Livourne, que survinrent les premiers troubles apportés à nos opérations, et occasionnés par les prétentions contradictoires sur les prises entre l'armée et le gouvernement. Le consul arrêta entre les mains du ministre de l'enchère, les sommes qui s'y trouvoient, montant à 3,968 piastres 3 d. Nous lui remîmes toutes les marchandises qui n'étoient pas encore vendues, ou dont la livraison n'étoit pas faite aux adjudicataires. Le compte de la vente montant à 134,439 piastres 15 sous, 10 piastres de huit réaux, et la décharge des marchandises retirées par le consul à cette époque, ainsi que des reçus d'autres marchandises à lui remis par le ministre de l'enchère, montant savoir les premières à 7401 piastres 15 s 8 den., et les secondes à 2691 piastres 13 sous 10 den., seront sous le N°. V: ces deux pièces complètent la sortie de tout ce qui a été reçu à Livourne par la compagnie.

Le 6 frimaire, notre maison de Livourne adressa au consul un état du produit des prises, susceptible d'un léger redressement, parce que le recensement des marchandises invendues et réintégrées ensuite dans les mains du consul ne fut fait que quatre jours après; il s'y trouve une erreur à notre préjudice, puisque nous n'évaluons qu'à 9595 piastres 2 s. 8 d. ces marchandises estimées à 10,094 piastres 9 sous 6 den. Nous produirons cette pièce sous le N°. VI, ainsi que la réponse du citoyen Belleville. On verra que ce dernier, universellement connu pour un républicain très-prononcé et un administrateur d'une surveillance très-sévère, ne put s'empêcher de rendre justice à la loyauté de notre conduite et à la constance de notre zèle. *Je me ferai un devoir*, dit-il, *d'informer le gouvernement de l'activité et de l'exactitude que vous avez apportées dans l'exécution de ses ordres.*

Il étoit entré dans nos mains, par l'effet de la vente, ainsi qu'il est établi par le compte dont nous venons de parler, la somme de 583,489 liv. 2 sous tournois. Quel en a été l'emploi?

Les commissaires du gouvernement nous ordonnèrent d'en verser 300,000 liv. au payeur divisionnaire de Livourne. Nous rapportons, sous le N°. VII, l'ordre et la quittance du payeur.

Le surplus fut imputé sur une ordonnance de 951,908 liv. 11 sous que nous avoit délivrée l'ordonnateur en chef, pour des fournitures que nous avions faites à l'armée active, en conséquence d'un marché particulier approuvé par le général en chef. On trouvera sous le N° VIII l'arrêté des commissaires du gouvernement, qui prononce cette imputation.

Enfin cette imputation a été textuellement ratifiée par la trésorerie nationale et par le ministre des finances : elle est la base convenue de notre comptabilité ; elle est la disposition expresse de l'article 3 de notre traité du 3 nivôse dernier, conclu avec la trésorerie nationale et le ministre des finances. Ce traité forme le N° IX de nos pièces justificatives, et confond victorieusement ces absurdes calomnies dont nous assiégent la prévention ou la mauvaise foi.

Tel est le compte de nos opérations à Livourne ; elles ne comportent rien de vague ou d'équivoque. L'ombre même d'un abus, d'une dilapidation, y a été impossible. Elles se forment en trois parties également claires et précises.

Rien n'est entré dans nos mains que régulièrement constaté et estimé.

Tout ce qui y est entré en est sorti, ou en vertu d'ordres supérieurs, ou par une vente publique, solemnelle, et avec un grand bénéfice pour la République.

Enfin plus de la moitié du produit de cette vente a été versée dans la caisse du payeur de l'armée, et l'autre moitié a été appliquée à éteindre une partie d'un titre exécutoire, conformément à l'arrêté des commissaires du Directoire exécutif, et à la décision expresse de la trésorerie nationale et du ministre des finances, seules autorités à qui nous dussions compte.

Il n'est pas douteux que pour prévenir le Directoire contre nous, on lui a laissé ignorer tous ces faits. L'erreur de ses allégations est trop évidente, et l'injustice du coup dont il nous a frappés est trop manifeste, pour qu'il soit permis d'en soupçonner une autre cause. Mais ce qui démontre sur-tout combien le Directoire a été abusé, c'est le projet qu'il a de nous traduire à un conseil de guerre. Nous le demandons à tout homme de bonne foi ; est-il une ligne, un mot, dans toutes les pièces que nous avons rapportées, qui ne démente hautement la qualité de *percepteurs de contributions* dont on a prétendu nous investir ? On connoît maintenant les clauses de nos traités et la nature de nos opérations, et conçoit-on de dérision plus cruelle que de les soumettre au jugement des gens de guerre ? Notre modération supprime les réflexions qui se présentent en foule.

Le compte que nous venons de rendre de nos opérations de Livourne sera suivi incessamment de celui de nos autres opérations. On y trouvera le même ordre, la même précision, la même probité. Par tout on reconnoîtra, non des agens infideles, car nous n'avons jamais rien régi ni administré, mais des négocians honnêtes qui ont opéré avec franchise et délicatesse sur la foi de leurs contrats, sous la garantie des lois civiles. Cette tâche une fois remplie, on nous permettra de rechercher les causes de l'étrange persécution qui nous accable, car nous ne saurions l'attribuer entièrement à la créance de 2,500,000 liv. dont nous avons prouvé, par titres, que la République nous étoit en ce moment redevable.

Signé, CHRISTOPHE FLACHAT, LAPORTE, CASTELIN.

P. S. Le Directoire vient de faire insérer dans le journal des Défenseurs de la Patrie, une lettre du général Buonaparte, en date du 15 pluviôse, où il est dit que le citoyen Flachat *s'en est allé de Milan emportant cinq à six millions, et laissant l'armée dans le plus grand embarras*. L'emportement de cette lettre annonce assez quelle justice nous aurions à attendre en Italie, et l'altération complète de tous les faits témoigne à quel point on abuse de la confiance du général.

Le citoyen Flachat s'en est allé de Milan! Le citoyen Flachat n'est parti de Milan qu'après avoir fait viser son passe-port *pour retourner à Paris;* qu'après avoir annoncé par écrit son départ aux commissaires du gouvernement, au général Buonaparte, à l'envoyé de la République à Gênes; qu'après que les raisons de ce départ ont eu *l'approbation par écrit* de l'ordonnateur général de l'armée. Les raisons de ce départ étoient le besoin de conclure avec la trésorerie et le ministre des finances des arrangemens devenus nécessaires, et qui ont en effet été signés le 3 nivôse : le citoyen Flachat fut lui-même porteur du rapport sur notre compagnie, adressé par l'ordonnateur général au ministre de la guerre, et qui se trouvera sous le N°. X.

Emportant cinq à six millions! Devoit-on s'attendre à trouver cette fable ridicule sous la plume du vainqueur de l'Italie? Bien loin que notre compagnie ni aucun de ses membres aient emporté des millions, il n'est que trop vrai que les neuf négocians qui la composent ont épuisé pour la République leur fortune et leur crédit, et qu'il n'ont remporté de tant de sacrifices qu'une funeste créance. La preuve n'en est-elle pas écrite dans le traité signé le 3 nivôse avec la trésorerie et le ministre des finances, sur le vu des pièces, et en grande connoissance de cause; traité par lequel la trésorerie nous remet environ un million sur les payeurs des départemens pour achever d'acquitter les engagemens que nous lui avions livrés; traité par lequel on règle la manière dont, après toute compensation, nous serons payés de l'excédent de nos créances? Ce traité est placé aux pièces justificatives, sous le N°. IX. Voilà la vérité nue et sans déclamation : aussi elle reste obscure, et l'entrée des journaux lui est fermée.

Laissant l'armée dans le plus grand embarras ! Il sembleroit, d'après ce langage, que nous étions chargés de faire les fonds de l'armée, tandis que notre mission y étoit tout à fait étrangère. Voyez nos contrats sous le N°. I : notre seul emploi étoit de faire passer à la trésorerie ce qui nous seroit remis des contributions ; en sorte que nous étions placés entre le gouvernement, qui vouloit retirer quelque chose des contributions, et l'armée, qui vouloit tout consommer. Nous ne pouvions faire notre devoir sans mécontenter l'armée. Hé bien! le gouvernement, qui nous a ainsi mis en avant, qui s'est servi de nous pour toucher lui-même huit millions effectifs, et payer environ cinq millions d'ordonnances, nous livre maintenant à l'armée. Une telle perfidie est sans doute bien loin de la pensée du Directoire, et nous ne doutons pas que ses premières réflexions le ramènent bientôt à nous rendre nos juges naturels.

Il résulte de ces éclaircissemens que le général Buonaparte n'a pas la plus légère notion de la nature et de l'exécution de nos contrats, et qu'il est environné d'hommes astucieux qui l'enflamment et l'égarent. Sans doute il est heureux pour la République que ce guerrier ne donne pas à l'examen des détails administratifs des momens qu'il a si glorieusement voués à la victoire ; mais il est bien malheureux pour nous que l'impossibilité où le mettent ses travaux militaires de s'éclairer par lui-même sur les faits administratifs, l'expose à devenir l'organe d'opinions qui ne sont pas les siennes, et à servir, sans le savoir, des passions qu'il abhorreroit, s'il pouvoit en soupçonner les motifs.

Nous attendons avec impatience de connoître le mémoire du citoyen Faipoult, annoncé dans la lettre du général en chef.

PIÈCES JUSTIFICATIVES

DU PREMIER CAHIER

DES OPÉRATIONS

DE LA COMPAGNIE

FLACHAT, LAPORTE ET CASTELIN.

N°. Ier.

Traité entre les commissaires de la trésorerie nationale, d'une part; et les maisons de commerce associées de Christophe Flachat, Laporte et Castelin, de Paris; Sabin Peragallo et compagnie, de Marseille; Barthelemi Peragallo et Payan, de Gênes; Geoffroy Rebufat et compagnie, de Livourne; représentées, aux termes de leur société, par les citoyens Christophe Flachat, Laporte et Castelin, négocians, demeurant à Paris, boulevard Montmartre, N° 545, d'autre part.

IL a été exposé, 1°. que les maisons de commerce susnommées ont proposé au gouvernement de se charger de la conversion et du versement en France des contributions de l'Italie, sur un plan qui, en permettant de les appliquer avec économie et rapidité sur tous les points de la République, et aux divers besoins de la trésorerie nationale, donneroit à ce produit des victoires françaises toute l'utilité dont il est susceptible;

2°. Que le Directoire exécutif a approuvé les bases de ce plan et fait connoître les modifications qu'il convenoit d'y apporter, ainsi que le ministre des finances en a instruit la trésorerie nationale par sa lettre du 17 de ce mois;

3°. Que la trésorerie nationale ayant demandé le lendemain au ministre des finances un éclaircissement sur un passage de sadite lettre, elle en a reçu le même jour une note explicative :

Sur quoi les commissaires de la trésorerie nationale, considérant que rien ne s'oppose à ce que les intentions du Directoire exécutif soient promptement remplies, et que d'ailleurs il est instant de mettre à exécution un plan qui, outre les avantages dont on a parlé, a celui de faire entrer en peu de temps une grande masse de numéraire dans l'intérieur de la République, et d'y rétablir les changes par les moyens doux et vivifians du commerce, sans concentrer ses opérations sur la place de Paris, et sans y produire ni secousse ni engorgement;

Ayant vu de nouveau les bases proposées au gouvernement par la compagnie susnommée, la lettre et la note du ministre des finances des 17 et 18 de ce mois, énonciatives de l'approbation du Directoire exécutif et des modifications à apporter au plan dont il s'agit, et voulant seconder de tous leurs efforts les intentions du gouvernement, ils ont, en conséquence desdites lettre et note du ministre des finances, fait et arrêté avec les citoyens Christophe Flachat, Laporte et Castelin, aux noms et qualités qu'ils agissent.

ARTICLE PREMIER.

Les maisons de commerce Christophe Flachat, Laporte et Castelin, de Paris; Sabin Peragallo et compagnie, de Marseille; Barthelemi Peragallo et Payan, de Gênes; Geoffroy Rebufat et compagnie, de Livourne; seront seules et solidairement dépositaires des contributions levées en Italie par les armées de la République, sauf les exceptions qui seront ci-dessus exprimées en l'article XI.

II.

Les contributions seront versées dans une ville qui sera désignée par le général en chef ou par les commissaires du gouvernement auprès de l'armée : Tortone est provisoirement indiqué, sauf l'approbation du général ou des commissaires.

III.

Les contributions y seront reçues des mains de qui de droit, par les citoyens

Barthelemi Peragallo et Payan, sans que ni ces derniers ni les autres maisons ci-dessus dénommées s'immiscent en aucune manière dans la levée ou la répartition desdites contributions.

I V.

Il sera fourni aux frais du gouvernement dans Tortone, ou autre ville qui seroit désignée, un bâtiment et une garde suffisante pour le dépôt. Le général en chef et les commissaires près l'armée sont invités à donner à cet effet les ordres nécessaires. Tous les autres frais postérieurs aux versemens seront à la charge de la compagnie dépositaire.

V.

Il sera fait, lors du versement, une division exacte des monnoies, non-seulement à raison de chaque espèce, mais encore à raison des époques de la fabrication, lorsqu'il en résultera dans la même espèce une différence de titre.

V I.

Toutes ces monnoies seront comptées et non pesées, et l'on ne comprendra point dans le compte les pièces qui, par une trop forte altération, seroient hors de cours par leur valeur légale.

V I I.

La compagnie ne sera chargée envers la trésorerie nationale que de la quantité de grains de fin existant réellement dans chaque pièce, et elle en tiendra compte sur le pied de 53 liv. 9 sous 2 den. tournois par marc d'argent pur, ou de 3 sous 9 den. tournois par grain de fin, prix de la monnoie : la différence qui pourroit se trouver entre cette valeur intrinsèque et la valeur légale des pièces est abandonnée à la compagnie sans répétition de part ni d'autre.

V I I I.

Un mois préfix après la signature du procès-verbal de versement dans la ville du dépôt, la compagnie se libérera dans les mains de la trésorerie nationale de la quantité de grains de fin qu'elle aura reçue sur le pied énoncé dans l'article précédent de la manière et dans les valeurs suivantes.

Elle comptera un quart de ladite valeur à Huningue en écus de six livres, et un second quart à Paris, soit en écus de six livres, soit en lingots au choix de la trésorerie nationale.

Elle fournira pour les deux autres quarts du papier sur l'étranger, et notamment sur Hambourg et Amsterdam, à soixante jours de date au plus. Ce papier sera garanti par la compagnie, et remis par elle à la trésorerie nationale

I X.

La trésorerie nationale recevra les écus de six livres sur le pied de six livres tournois, les lingots sur le pied de 53 liv. 9 sous 2 den. $\frac{114}{161}$ tournois par marc d'argent pur, prix de la monnoie de Paris, et le papier sur le pied de la valeur réelle des espèces dans lesquelles il sera tiré, sur les lieux et villes de paiement des traites, sans égard aux variations des changes.

X.

Pour indemniser la compagnie des frais, pertes et périls qu'elle doit essayer, soit en garantissant le papier qu'elle fournira, soit en se procurant les écus et les lingots qu'elle doit compter à Huningue et à Paris, il lui sera, outre l'abandon de l'excédent de valeur légale, exprimé en l'article VII, alloué, sur la totalité des contributions qu'elle recevra, la provision suivante qu'elle se retiendra à fur et mesure des versemens ; savoir, cinq pour cent sur la partie des contributions dont elle doit se libérer en écus ou lingots à Huningue et à Paris, et deux pour cent sur celle dont elle doit se libérer en papier sur l'étranger.

X I.

Sont exceptées des dispositions des articles précédens, et notamment de l'article premier, les monnoies d'or, les monnoies françaises, les sommes en monnoies étrangères qui seront jugées nécessaires aux dépenses des armées françaises en Italie, et celles que le gouvernement voudra faire venir directement, le surplus des contributions de l'Italie, après le prélèvement de ces quatre objets, étant seul compris dans les présentes conventions.

Ainsi convenu et signé le 19 messidor, l'an IV de la République, en neuf doubles, dont l'un pour le ministre des finances, l'autre pour le ministre plénipotentiaire de la République à Gênes, le troisième pour le général en chef de l'armée d'Italie, le quatrième pour les commissaires du gouvernement près ladite armée, le cinquième restera au pouvoir de la trésorerie nationale, et les quatre derniers à celui des quatre maisons contractantes : les doubles destinés au ministre plénipotentiaire de la République à Gênes, au général en chef de l'armée d'Italie, et aux commissaires du gouvernement près ladite armée, seront portés par un courier extraordinaire.

Signé, les commissaires de la trésorerie nationale, DECLERCK, GOMBAULT, LEMONIER, DESREZ.

Signé, CHRISTOPHE FLACHAT, LAPORTE et CASTELIN.

Articles d'ampliation au traité conclu le 19 de ce mois entre la trésorerie nationale et la compagnie Christophe Flachat, Laporte et Castelin, et formant avec ledit traité un seul et même acte.

ARTICLE PREMIER.

Tous les bijoux, diamans, effets et marchandises faisant partie des contributions de l'Italie et des prises sur l'ennemi, seront remis, sans délai, par tous les dépositaires et sur le vu du présent traité, aux maisons de commerce Barthelemy Peragallo et Payan à Gênes, Geoffroi Rebufat et compagnie à Livourne, faisant partie de la compagnie Christophe Flachat, Laporte et Castelin de Paris, à l'exception des effets ou marchandises que les commissaires du gouvernement auprès de l'armée jugeront à propos d'en distraire pour les besoins de l'armée, pour le service de la marine, ou pour envoyer directement en France.

II.

Il en sera pareillement distrait les objets reconnus utiles pour les sciences et les arts, ainsi que ceux qui, sous un petit volume, auroient une grande valeur, tels que les diamans d'un prix extraordinaire. Tous les effets non réservés seront estimés par des experts respectivement choisis par la République et la compagnie. La distraction dont il s'agit en cet article, ainsi que la nomination des experts de la République, seront faites par les commissaires du gouvernement auprès de l'armée, ou par les ministres diplomatiques de la République, selon que la situation des dépôts le requerra pour la plus grande célérité de l'opération.

III.

La compagnie vendra ces effets pour le compte de la République le plus promptement et aux meilleures conditions possibles. Toutes les ventes se feront au comptant et ne pourront jamais être d'un prix inférieur à l'estimation.

I V.

Il sera accordé à la compagnie une commission de deux pour cent sur le prix d'estimation de tous les objets qu'elle vendra.

Il lui sera tenu compte des frais d'emmagasinage des marchandises et effets volumineux, ainsi que des frais de transport de ceux qu'elle jugera à propos d'expédier pour en trouver un débit plus avantageux. La compagnie sera responsable de l'avarie des effets ainsi transportés, et percevra en conséquence une indemnité d'un pour cent sur le prix de leur estimation, outre la commission déja mentionnée.

V.

Pour exciter le zèle de la compagnie et l'intéresser au succès de ces ventes, il lui sera accordé une prime, lorsque le produit des ventes excédera le prix de l'estimation et les frais accessoires. Cette prime sera d'un sixième dudit excédent, lorsque la vente sera effectuée dans les trois mois qui suivront la remise des effets entre les mains de la compagnie, et d'un septième lorsque la vente n'aura lieu qu'après les trois mois. L'ouverture de cette prime ne changera rien à la commission et à l'indemnité exprimée par l'article précédent.

V I.

La compagnie comptera, à fur et mesure des ventes, du produit revenant à la République. Elle se libérera dudit produit entre les mains de la trésorerie nationale, de la manière qui a été réglée par le traité du 19 de ce mois, soit pour les échéances, les lieux de paiement, la nature des valeurs et la quotité des provisions, tout comme si le produit desdites ventes étoit directement versé entre les mains de la compagnie par les agens du gouvernement, à l'instar des monnoies provenant des contributions.

V I I.

Moyennant les dispositions ci-dessus et après la remise qui sera faite sans délai à la compagnie par M. Balbi, banquier à Gênes, de la caisse de diamans et bijoux déposée chez lui, la compagnie s'engage de payer les traites tirées par la trésorerie nationale sur M. Balbi depuis le 8 messidor courant, et formant ensemble la somme de quatre cent quarante-huit mille cinq cent trente-trois livres onze sous cinq deniers, à condition d'en percevoir le remboursement, ainsi que des intérêts à cinq pour cent, s'il y a lieu, sur les premiers deniers qui proviendront des ventes que la compagnie est chargée de faire par les présentes conventions ou sur les premiers versemens des contributions.

VIII.

Il est convenu que l'exécution des présens articles sera indépendante de tous les autres traités que la compagnie auroit faits avec le gouvernement, et sans qu'à raison de ses fournitures, aucune compensation puisse s'opérer de droit entre ses mains sur le montant des contributions ou le produit des ventes; et, lorsqu'il sera remis à la compagnie des sommes sur l'Italie, elle continuera, comme par le passé, à les recevoir au pair sans provision.

Ainsi convenu et signé à Paris le 28 messidor de l'an IVe de la République française en neuf doubles, pour être remis de la même manière que le traité du 19 de ce mois, dont les présens articles sont indivisibles : les doubles destinés au ministre plénipotentiaire de la République à Gênes, au général en chef de l'armée d'Italie et aux commissaires du gouvernement près ladite armée, seront portés par un courier extraordinaire.

Approuvé pour les articles qui concernent les attributions de la trésorerie nationale, et sauf l'approbation du ministre des finances pour ceux qui le concernent,

Les commissaires de la trésorerie,

Signé, Declerk, Desrez, Gombault et Lemonier.

Signé, Christophe Flachat, Laporte et Castelin.

Vu et approuvé. *Le ministre des finances*. *Signé*, D. V. Ramel.

N° 11.

ÉGALITÉ LIBERTÉ.

RÉPUBLIQUE FRANÇAISE.

Le 8 fructidor, quatrième année républicaine, nous Laurent-François Trousset, commissaire des guerres, sur l'exhibition qui nous a été faite par les citoyens Geoffroy Rebufat et compagnie, associés de la compagnie Flachat, Laporte et Castelin, d'un arrêté des commissaires du gouvernement près l'armée d'Italie, en date du premier du courant, portant, article II, que toutes les marchandises prises sur les ennemis seront sans délai remises à ladite compagnie, en présence d'un commissaire des guerres; et sur l'invitation qui nous a été faite par lesdits citoyens Geoffroy Rebufat et compagnie, d'assister à cette remise, *nous nous sommes transportés avec eux chez le citoyen Belleville, consul de France et dépositaire desdits objets, à Livourne;* nous lui avons donné communication de l'arrêté ci-dessus, et nous l'avons engagé à en hâter l'exécution. Le citoyen Belleville a délégué *le citoyen Frederici, vice-consul de France à la Spezia*, pour opérer la remise susdite, et a nommé le citoyen Joseph de David Ancona expert pour le compte de la République. Les citoyens Geoffroy Rebufat et compagnie ont nommé le citoyen Isaac Vita Euriches expert pour le compte de la compagnie. Lesdits experts ont prêté en nos mains le serment de procéder en leur ame et conscience, et nous nous sommes de suite rendus au magasin d'Earle, près le pont de Notre-Dame. Lesdits experts ont de suite procédé, en notre présence et en celle des parties intéressées, pendant les 8, 9, 10, 11, 12, 13, 14, 15 et 16 du présent mois, à l'inventaire, la vérification, la pesée et l'estimation des marchandises contenues dans ledit magasin, et nous ont présenté le résultat suivant;

SAVOIR:

DÉNOMINATION des MARCHANDISES ET OBJETS.	QUANTITÉS PAR. Nombre de caisses, de sacs, etc.	QUANTITÉS PAR. Poids ou mesures.	QUOTITÉ des ESTIMATIONS.	MONTANT TOTAL.		
Kina	40 caisses	7,210 livres	2 fr. la livre	2,403 p.	6 s	8
Manne	34	7,737	14 s. la livre	902	13	
Café	27 bariq. 1 tierçon	26,945	18 piast. le cent	4,850	2	
Amidon	3 barils	805	27 fr. le cent	36	4	6
Sucre mascavade	160 bariques	214,713	17 p. ½ le cto de 151 l.	25,239	8	10
Sucre *idem*	37 barils	8,789	18 p. le cto de 151 l.	1,047	13	10
				34,479	8	10

DÉNOMINATION des MARCHANDISES ET OBJETS.	QUANTITÉS PAR		QUOTITÉ des ESTIMATIONS.	MONTANT TOTAL.
	Nombre de caisses, de sacs, etc.	Poids ou mesures.		
Report	. . . .	. . . .	. . . .	34,479 p. 8 s. 10
Sucre de la Havane	6 caisses 2 tierçons	3,912 livres . .	21 p. le c^te^ de 151 l.	544 1
Sucre en pain	1 barique	811	21 p. le cent . . .	170 6 2
Gingembre noir	192 sacs	17,027	9 p. ½ le cent . . .	1,617 11 3
Gingembre blanc	1 barique	301	11 p. ½ le cent . .	34 10 2
Alun du Levant	1	1,162	40 p^les^ le c^te^ de 160 l.	34 8 7
Poivre giroflé	100 barils et 3 bariq.	13,346	8 p. ½ le cent . .	1,134 8 2
Poivre *idem*	160 sacs	23,264	8 p. ½ le cent . .	1,977 8 9
Thé booy	20 caisses	2,013	1 fr. 10 s. la liv. .	503 5
Follicules de séné	5 balles	753	24 p. le cent . . .	183 2 4
Cacao	159 couffes . . .	20,392	13 p. le cent . . .	2,650 19 2
Cacao	622 sacs	86,666	13 p. le cent . . .	11,266 11 7
Cacao	342	41,647	11 p. ½ le cent . .	4,789 8 11
Cacao	49 tierçons	7,024	15 p. le cent . . .	1,053 12
Noix de galles d'Alep	19 sacs	4,775	12 p. le cent . . .	573
Gomme coppule	4 caisses	987	20 p. le cent . . .	197 8
Noix muscades	1 tierçon	56	30 fr. la liv. . . .	280
Tartre rouge	2 bariq. et 1 tierçon	3,367	25 fr. le cent . . .	140 5 10
Plomb en saumon	504	121,050	36 ducats ½ le cent	5,154 13 3
Alizari	100 balles	26,299	7 p. le cent . . .	1,840 18 7
Tartre blanc	4 caisses et un sac.	1,124	28 fr. le cent . . .	51 19 9
Vitriol	2 caisses	364	8 p. le cent . . .	2 18 6
Tamarindo	1 barique	. . . .	. . . .	
Fenouil du Levant	1 sac	. . . .	. . . .	
Zedonaria	1 tierçon	. . . .	. . . .	21
Graine de lin	1 tonneau	. . . .	. . . .	
Os de baleine en petits morceaux . . .	1	1,090	5 p. le cent . . .	54 10
Aloès	1 caisse	383	22 p. le cent . . .	84 5 2
Assa fétida	1	164	20 p. le cent . . .	32 16
Soufre en poudre	1 tierçon	575	5 p. les 2 cents . .	2 17
Saumon	1 barique	. . . .	16 p.	16
Terraille en terre de pipe	1	. . . .	35 p.	35
Une caisse contenant :				
85 pièces de nanquin de Mamestër et drap de coton avariées, tirant . . .	. . . .	735 cannes . .	545 p.	545
Une caisse contenant les objets ci-après :				
21 dessus de paires de souliers pour femmes				
3 gilets tricotés				
37 paquets de boutons				
17 tabatières à portraits				
				69,469 13 2

DÉSIGNATION des MARCHANDISES ET OBJETS.	QUANTITÉS PAR		QUOTITÉ des ESTIMATIONS.	MONTANT TOTAL
	Nombre de caisses, de sacs, etc.	Poids ou mesures.		
Report	. . . .	. . . .	. . . .	69,459 p. 13ſ 2d
5 étuis en similor				
20 paires de gants de toile, pour femmes .				
3 paires de pendans d'oreille de coco . .				
4 paires de bas de soie	. . . .	. . . .	83 piastres	83
3 pièces toile fine, tirant ens. 89 bras ½ .				
2 coupons de Calmouk, tirant 46 bras .				
Essences de citron	3 dame-jeannes . .	237 livres . .	4 fr. la livre . . .	158
Peaux d'agneaux et de chevreaux . . .	38 bariques . . .	. . . .	30 p. la barique .	1,140
Vieux meubles.				
Fauteuils	12	. . . .	48 ₶	
Chaises communes	98	. . . .	196	
Chaises peintes, en mauvais état . . .	17	. . . .	22 13ſ 4d	
Id., de Marseille	17	. . . .	17	
Canapé	7	. . . .	84	
Petite table	1	. . . .	6	
Bidet	1	. . . .	4	
Canapé	3	. . . .	24	
Canapé garni	1	. . . .	20	
Chaises très-mauvaises	25	. . . .	20	
Commodes	3	. . . .	72	
Bureau	1	. . . .	60	
Tables à manger	5	. . . .	70	
Grande armoire	1	. . . .	50	
Ciel de lit	1	. . . .	30	
Petit bassin, bois d'acajou, doublé en plomb, avec une petite fontaine . .	. . . .	. . . .	100	
Tables à jeu	2	. . . .	16	
Lustre de crystal	1	. . . .	60	
Rideaux, bourre de soie	3			
Coussins de chaises	15	. . . .	130	
Hamachs	2			
Paillasses	2			
1 bois de lit avec ses planches	. . . .	. . . .	8	
1 commode et 1 bureau	. . . .	. . . .	45	
4 tables avec dessus de marbre, dont deux avec pieds dorés anciens . . .	. . . .	. . . .	82	
4 tables avec dessus de marbre, dont un dessus cassé				
1 grande table de noyer	. . . .	. . . .	160	
2 petites tables				
			000	70,852 13 4

DÉNOMINATION des MARCHANDISES ET OBJETS.	QUANTITÉS PAR Nombre de caisses, de sacs, etc.	Poids ou mesures.	QUOTITÉ des ESTIMATIONS			MONTANT TOTAL.		
Report	. . . .	. . . .	000tt			70,852p.	13ſ	4ð
Divers objets très-usés	. . . .	. . . .	140					
Grands tapis du Levant	2	. . . .	150					
Divers ustensiles de cuisine de cuivre et de fer, pesant 145 livres . . . . 1 cadre en marbre représentant un cheval	. . . .	. . . .	155	13ſ	4ð			
1 petite caisse renfermant estampes coloriées, avec leurs cadres	. . . .	. . . .	60					
Bureau en mauvais état	1	. . . .	15					
Table pliante, en bois de cerisier . .	1	. . . .	20					
Diverses minuties	. . . .	. . . .	54					
			1857	6	8	332		
						71,184	13	4
A déduire. Escompte à trois pour cent						2,135	20	9
TOTAL net						69,048	12	7

Le tableau ci-dessus, montant à la somme totale de soixante neuf mille quarante-neuf piastres de huit réaux deux sous sept deniers de piastres, faisant celle de trois cent quatre-vingt-dix-sept mille trente-deux livres neuf sous neuf deniers florentines, ayant été de nouveau certifié sincère et véritable par les experts, le citoyen Frederici a remis auxdits citoyens Geoffroy Rebufat et compagnie les clés du magasin, et ceux-ci s'en sont chargés, ainsi que des marchandises ci-dessus mentionnées, aux conditions du traité passé à sa compagnie par le gouvernement. Le citoyen Frederici a observé que dans le nombre des marchandises qu'il vient de remettre il s'en trouve de réclamées par des neutres, soit à titre de propriété, soit comme servant d'hypothèque pour des sommes dues, et que l'objet de ces réclamations n'étant point encore jugé, il en fait néanmoins la remise dans l'état où elles se trouvent. Les citoyens Geoffroy Rebufat et compagnie ont répondu à cette observation que la compagnie, étant subordonnée au gouvernement, elle s'empresseroit d'en exécuter tous les ordres, ainsi que ceux des commissaires du Directoire exécutif près l'armée d'Italie. En foi de quoi nous avons dressé le présent procès-verbal, que nous avons signé avec lesdits citoyens Frederici, Geoffroy Rebufat et compagnie, et les deux experts ci-dessus dénommés.

Fait triple à Livourne, le seize fructidor an quatrième de la République française, une et indivisible.

Signé, TROUSSET, GEOFFROY REBUFAT et compagnie, FREDERICI, ISAAC VITA EURICHES, *stimatore*, et JOSEPH DE DAVID ANCONA, *stimatore*.

LIBERTÉ. ÉGALITÉ.

RÉPUBLIQUE FRANÇAISE.

Et par suite du procès-verbal du 8 fructidor, an quatrième républicain, aujourd'hui dix-sept dudit mois, nous, François Bellard, commissaire des guerres, ayant remplacé le commissaire Trousset, nous étant transportés avec lesdits citoyens Frédérici, Geoffroy Rebufat et compagnie, au magasin de Pollard, n°. 1, situé près le pont de Venise, maison de Genori, au premier étage, les mêmes experts ont procédé en notre présence, depuis le dix-sept du présent mois, jusqu'à ce jour vingt-huit dernier, à l'inventaire, la vérification, la pesée et l'estimation des marchandises ci-après;

SAVOIR:

DÉNOMINATION des MARCHANDISES ET OBJETS.	QUANTITÉS PAR — Nombre de caisses, de sacs, etc.	QUANTITÉS PAR — Poids ou mesures.	QUOTITÉ des ESTIMATIONS.	MONTANT TOTAL.		
Boucles plaquées, 16 douzaines ¼	1 caisse			75 p.	16 s	8 d
Boucles de diverses qualités, 18 douz.	1 caisse			126		
Id. . . . *Id.* . . . 15 *Id.*	1 caisse			60		
Id. . . . *Id.* . . . 22 *Id.*	1 caisse			88		
Id. . . . *Id.* . . . 8 *Id.*	1 caisse			53	6	8
Id. . . . *Id.* . . . 12 *Id.*	1 caisse			44		
Id. . . . *Id.* . . . 25 *Id.*	1 caisse			83	6	8
Id. . . . *Id.* . . . 23 *Id.*	1 caisse			92		
Id. . . . *Id.* . . . 22 *Id.*	1 caisse			88		
Petits boutons blancs, 124 grosses	1 caisse			46	10	
Boutons, 15 grosses ½						
Lunettes, 1 douzaine	1 caisse			11	18	4
Rasoirs, 2 douzaines						
Boutons, 24 grosses	1 caisse			34		
Petits boutons, 110 grosses	1 caisse			36	13	4
Boutons assortis, 32 grosses	1 caisse			32		
Petits boutons, 120 grosses	1 caisse			30		
Petits boutons, 140 grosses	1 caisse			35		
Petits boutons, 70 grosses	1 caisse			23	5	8
Petits boutons blancs assortis, 51 g.	1 caisse			38	5	
Boutons assortis, 50 grosses	1 caisse			50		
Id., 37 grosses	1 caisse			21	11	8
Mouchettes pour chandelles, 29 grosses	1 caisse			10	10	6
Boutons noirs assortis, 26 grosses						
Gros boutons, 20 grosses	1 caisse			10		
				1,090	4	6

DÉNOMINATION des MARCHANDISES ET OBJETS.	QUANTITÉS PAR		QUOTITÉ des ESTIMATIONS.	MONTANT TOTAL.		
	Nombre de caisses, de sacs, etc	Poids ou mesures.				
Report				1,030 p.	4	6
Cahiers de perles, 11 cahiers	1 caisse			36	13	4
18 chandeliers de toilette, plaqués	1 caisse			13	10	
17 . . . *Id.* . . . petits	1 caisse			12	15	
16 . . . *Id.* . . . plus petits	1 caisse			12		
1 sucrier plaqué						
8 grands chandeliers plaqués	1 caisse			23	11	8
7 . . . *Id.* . . . petits						
Boutons assortis, 44 grosses	1 caisse			29	6	8
Id. . . . grands, 20 grosses	1 caisse			10		
Id. . . . *Id.*, 34 grosses	1 caisse			11	6	8
Manches de couteaux de verre, 480 g.	1 caisse			10		
Etuis de lunettes, 11 douzaines ½	2 caisses			38	8	4
Lunettes, 12 douzaines ½						
8 grands porte-vues acromatiques						
10 . . . . . . *Id.* plus petits	1 caisse			34	13	4
17 . . . . . . *Id.* plus petits						
37 porte-feuilles en maroquin assortis	1 caisse			16		
Rasoirs, 13 douzaines ½						
Canifs, 6 douzaines	1 caisse			29	5	
Ciseaux, 12 douzaines						
Écritoires de poche, 27 douzaines ½	1 caisse			6	18	9
Grandes boucles plaquées, 24 donz. ½						
Boucles de col plaquées, 24 douzaines	1 caisse			178	6	8
Échantillons de boucles, 34 paires						
1 pendule pour table	1 caisse			44	8	10
Cravaches ou fouets assortis, 94 douz.						
Id. . . pour cabriolets, 2 douzaines	1 caisse			348	6	8
Id. . . pour barroches, 1 douzaine						
Éventails en bois ordinaire, 12 douz.						
Éventails en os, 19 douzaines	1 caisse			80	17	6
Écritoires de poche, 9 douzaines ½						
1 pendule pour table	1 caisse			71	2	2
Tabatières carton très-commun, 35 d.	1 caisse			7	15	6
Éventails en bois très-ordinaire, 229 d. ½	2 caisses			57	7	6
Boucles communes, grosses, 31 gr. ½						
Id. . . . . . petites, 7 grosses						
Chappes de boucles, 8 grosses						
Petits couteaux d'Allemagne, 5 grosses						
Assiètes de tôle peinte pour bouteilles, 1 grosse	1 barique			148	13	4
Ciseaux, 6 douzaines						
Rasoirs très-ordinaires, 6 douzaines						
				2,310	11	5

Premier cahier, etc.

DÉNOMINATION des MARCHANDISES ET OBJETS.	QUANTITÉS PAR Nombre de caisses, de sacs, etc.	QUANTITÉS PAR Poids ou mesures.	QUOTITÉ des ESTIMATIONS.	MONTANT TOTAL
Report	. . . .	. . . .	. . . .	2,310p. 11s 5d
Petite cuillers à café, de composition, 1 grosse				
Couteaux de table, avariés, 34 douz. .				
Petits boutons noirs assortis, 725 gr. .	1 caisse	. . . .	. . . .	118 4 5
Petits boutons blancs, 46 grosses . . .				
Jarretières rouges de laine, 3 grosses .				
Divers échantillons, boutons, etc. . .	1 caisse	. . . .	. . . .	6 13 4
Boutons noirs, 250 grosses	1 caisse	. . . .	. . . .	27 15 6
Couteaux de table avec manche d'os, 5 grosses $\frac{1}{2}$				
Couteaux et fourchettes enchâssées, onze douzaines, et onze couteaux . .	1 barique	. . . .	. . . .	67 16 8
15 fers à repasser				
Clés de montre en cuivre, 12 grosses .				
Petites gembettes anglaises, six grosses .				
Couteaux à manches plaqués, 15 gr. .				
Id . . . de table, 2 grosses				
Clés de montre en laiton, 15 grosses .	1 barique	. . . .	. . . .	111
6 garnitures de commodes en laiton doré.				
Chappes de boucles, 2 grosses $\frac{1}{2}$ . . .				
Couteaux de table avec manches plaqués, 5 douzaines				
Une longue caisse contenant les articles ci-après :				
Cabarets en tôle peinte, 76 douzaines .				
Lainès assorties, 49 douzaines $\frac{1}{2}$ . . .				
Petites assiètes, tôle peinte, 1 gr. $\frac{1}{2}$.				
Boucles de deuil, 4 douzaines				
Boucles plaquées, 52 paires				
Grands couteaux avec manches de bois, 1 douzaine				
Grandes fourchettes, 1 douzaine . . .				
Couteaux de table, 6 douzaines $\frac{1}{2}$ . . .				
Fourchettes de table, 6 douzaines $\frac{1}{2}$.				
Serrures en fer, 2 douzaines				
Boucles noires pour jarretières, 30 douz.				
Petites assiètes en tôle peinte, pour bouteilles, 6 douzaines				
Bagues en laiton, 12 douzaines				
Mouchettes pour chandelles, 4 douz. .				
Cadenas en fer, 5 douzaines				
Porte-pièces pour cordonniers, 7 d. .				2,642 2 4

DÉNOMINATION des MARCHANDISES ET OBJETS.	QUANTITÉS PAR Nombre de caisses, de sacs, etc.	Poids ou mesures.	QUOTITÉ des ESTIMATIONS.	MONTANT TOTAL.
Report	. . . .	. . . .	. . . .	2,642 p. 2 ſ 4 d
Suite de la longue caisse.				
Outils pour sculpteurs, 38 douzaines . .				
Ciseaux assortis, 18 douzaines				
Lames de couteaux, 12 douzaines . . .				
Petites serrures en fer, 11 douzaines .				
Canifs, 31 douzaines				
Boucles de jarretières, 18 douzaines . .				
Tenailles et petits étaux, 3 douz. ½ . .				
Tire-bouchons, 1 douzaine				
Tablettes de cirage pour souliers, 32 d. .				
Id. . . pour encre, 36 douzaines . .				
Petites pincettes à épiler, 3 douzaines .				
Charnières pour coffres, 6 douzaines . .				
Rasoirs, 9 douzaines				
Fourchettes d'acier sans manches, 6 d.				
Couteaux très-petits, 1 grosse				
Matrices pour vis, 3 douzaines				
Garnitures de commodes dorées, 22 d. .				
Paneaux de portes dorés, 3 douzaines .				
12 clés de voitures, dorées	1 longue caisse .	. . . .	. . . .	324 15
4 ressorts en fer, pousse-portes . . .				
6 petits bas-reliefs représentant une madone				
12 chandeliers ou lanternes en tôle peinte.				
Porte-mouchettes, 2 douzaines				
Lancettes à saigner, 5 douzaines . . .				
Rasoirs, 1 douzaine				
10 bistouris				
Fers à tricoter, 16 douzaines				
Dés pour femmes, fer et laiton, 7 d. .				
Boucles de jarretières fines, 23 paires .				
Tourne-vis, 1 douzaine				
1 tourne-broche				
Bâtons de vigne, 2 douzaines				
Bambous, 1 douzaine				
Fouets ou cravaches, 1 douzaine . . .				
20 petites baguettes plaquées, pour voitures				
3 tapis pour voiture				
Éventails ordinaires, 455 douzaines . .	2 bariq. et 1 caisse.	. . . .	. . . .	113 13 4
Éventails ordinaires, 373 douzaines . .				
3 nécessaires assortis	1 barique . . .	. . . .	. . . .	163 5
				3,243 15 8

DÉNOMINATION des MARCHANDISES ET OBJETS.	QUANTITÉS PAR		QUOTITÉ des ESTIMATIONS.	MONTANT TOTAL.
	Nombre de caisses, de sacs, etc.	Poids ou mesures.		
Report	. . . .	. . . .	. . . .	3,248p. 15s 8d.
Esmatino de Venise, 10 douzaines . . .	1 caisse	. . . .	. . . .	20
18 petits coffres ou cartons enjolivés . .				
Petits fourneaux à grilles	. . . .	. . . .	. . . .	10
Tôle d'angleterre, 3				
Aleines pour les cordonniers	3 bariques . . .	. . . .	. . . .	1,206 13 4
Pots de savon parfumé pour la barbe . .	1 caisse	. . . .	. . . .	3
12 poignards anglais	1 caisse	. . . .	. . . .	40
32 schals en laine surfine				
17 mouchoirs d'herbe	1 caisse	. . . .	. . . .	92 6 8
8 mouchoirs Madras				
18 chapeaux ronds ordinaires	. . . .	. . . .	. . . .	41
30 *Id* . . . . . . à poils				
1,629,000 aiguilles d'Allemagne, avec un peu d'avarié	. . . .	. . . .	. . . .	512
Échantillons de quincaillerie.				
Chaînes de montres en acier, 25 douz. . .				
Clés de montres d'acier, 25 douzaines .				
Boucles pour jarretières, d'acier, 5 d. .				
Ciseaux, flacons, etc., 71 pièces en 7 cartons				
26 bagues en similor	. . . .	. . . .	. . . .	179 13 4
11 dés				
10 cordons de montres en peau . . .				
24 cachets en similor				
3 éventails superfins				
5 autres *idem*				
Divers échantillons, 31 cartes	3 caisses	. . . .	. . . .	46 13 4
8 lampes à la Quinqué, à une branche .	. . . .	. . . .	. . . .	27
2 *Id.* . . . . dites à 2 branches				
979,000 aiguilles d'Anglet., avec avarie .	. . . .	. . . .	. . . .	504
Perles en verre ordinaire et sac, boutons en plomb	1 caisse	. . . .	. . . .	19 3 4
1 trumeau dans une caisse	1 caisse	. . . .	. . . .	10
1 lustre de cristal ancien				
4 *Id.* . . . . . *id.* modernes	. . . .	. . . .	. . . .	49
Divers verres et mèches				
1 candelabre doré et gâté	. . . .	. . . .	. . . .	17
1 bureau bois d'Acajou				
1 commode d'*id.*				
1 bonheur du jour d'*id.*	. . . .	. . . .	. . . .	128
1 bureau d'*id.*				
1 table bois d'*id.*, avec dessus de marbre.				
1 buffet bois de noyer				6,146 5 8

DÉNOMINATION des MARCHANDISES ET OBJETS.	QUANTITÉS PAR Nombre de caisses, de sacs, etc.	QUANTITÉS PAR Poids ou mesures.	QUOTITÉ des ESTIMATIONS.	MONTANT TOTAL
Report	. . . .	. . . .	. . . .	6,146p. 5ſ 8d
Gomme adragante	2 caisses	723 livres	. . . .	136
5 commodes bois de cerisier				
3 bureaux d'*Id*.	. . . .	. . . .	. . . .	67
1 petite table à jeu d'*id*				
Peaux de moutons corroyées	. . . .	. . . .	. . . .	50
1960 Canavettes avec leurs bouteilles vides	. . . .	. . . .	. . . .	505
Divers linges usés, 1 paquet contenant une couverture blanche, une couverture piquée et divers vieux habits . .	1 malle	. . . .	. . . .	72
1 grand tapis, 3 petits, vieux et gâtés . .	. . . .	. . . .	. . . .	31
Escarpins, 17 paires				
6 Coussins de duvet	. . . .	. . . .	. . . .	12
Cloux, 1 sac				
Peaux de veaux marins, avariées, 30 douzaines ½	1 caisse	. . . .	. . . .	37
Poudre de Florence	108 barils	. . . .	. . . .	150
13 tables de marbre, dont partie cassées.	. . . .	. . . .	. . . .	12
				7,221 5 8
A déduire, escompte à trois pour cent . . .				216 12 9
Reste net				7,004 12 11

Une caisse contenant :				
Nankin croisé, rayé, 10 pièces	. . . .	208 yards ½ . . .		
Nankin-Mancester, à l'instar de celui des Indes, 20 pièces	. . . .	. . . .		
Basins de divers couleurs, 6 pièces . .	. . . .	137 yards ½ . . .		
Nankin uni, 2 pièces	. . . .	44 yards		
Basin en couleur, 3 pièces	. . . .	84 yards ¼ . . .		
Drap de coton, 2 pièces	. . . .	43 yards ½ . . .		
Bourre de coton, neuf pièces	. . . .	226 yards ½ . . .		
Basin blanc, 8 pièces	. . . .	222 yards ¾ . . .	. . . .	660
Mousselinette blanche, 7 pièces	. . . .	178 yards		
Mousselinette travaillée en couleur, 5 piè.	. . . .	132 yards ½ . . .		
Mousseline rayée et brodée, 1 pièce . .	. . . .	10 yards		
Mouchoirs avec bordure en couleur, 2 douzaines ½	. . . .	. . . .		
Id. . . . *id*. . . plus petits, 3 douz. ½ .	. . . .	. . . .		
Id. . . . *id*. . . à raies blanches, 5 d. ½.	. . . .	. . . .		

DÉNOMINATION des MARCHANDISES ET OBJETS.	QUANTITÉS PAR. Nombre de caisses, de sacs, etc.	QUANTITÉS PAR. Poids ou mesures.	QUOTITÉ des ESTIMATIONS.	MONTANT TOTAL.
Report	. . . .	. . . .	. . . .	660 p.
Une caisse contenant :				
Mousselinette en couleur, 16 pièces . .	. . . .	390 yards		
Nankin de couleur à mille points, 20 pièc..	. . . .	447 yards $\frac{1}{4}$ . . .	. . . .	590
Nankin croisé, 10 pièces	. . . .	230 yards $\frac{1}{4}$ . . .		
Nankin uni, 4 pièces	. . . .	88 yards $\frac{1}{2}$ . . .		
Une caisse contenant :				
Nankin croisé, 5 pièces	. . . .	116 yards		
Nankin à mille points, 8 pièces . . .	. . . .	183 yards	. . . .	515
[N]ankin à flammes, 32 pièces	. . . .	748 yards $\frac{1}{4}$ . . .		
Nankin rayé, 22 pièces	. . . .	499 yards $\frac{1}{4}$ . . .		
Une caisse contenant :				
Velours de coton noir, 8 pièces . . .	. . . .	180 yards $\frac{1}{2}$ . . .		
Velours à la reine, 2 pièces	. . . .	45 yards		
Demi-velours	. . . .	194 yards		
Nankin à flammes, 27 pièces	. . . .	593 yards $\frac{3}{4}$ . . .	. . . .	540
Nankin jaune uni, 2 pièces	. . . .	41 yards $\frac{1}{4}$ . . .		
Nankin uni croisé, 12 pièces	. . . .	267 yards $\frac{1}{4}$ . . .		
Basin blanc, 1 pièce	. . . .	24 yards		
Une caisse contenant :				
Basin blanc, 21 pièces	. . . .	1058 yards		
Basin blanc plus étroit, 19 pièces . . .	. . . .	450 yards $\frac{1}{2}$ . . .	. . . .	538
Bourg rayé, 3 pièces	. . . .	114 yards . . .		
Basin noir, 6 pièces	. . . .	151 yards $\frac{1}{2}$ . . .		
Une caisse contenant :				
Basin noir croisé, 14 pièces	. . . .	357 yards $\frac{1}{2}$ . . .		
Velours de coton noir, 24 pièces	. . . .	521 yards $\frac{1}{4}$ . . .	. . . .	528
Velours de coton bleu, 6 pièces	. . . .	131 yards $\frac{1}{2}$ . . .		
Une caisse contenant :				
Mousselinettes à flammes rayées, 30 pièc.	. . . .	740 yards		
Mousselinettes en couleur, 6 pièces . . .	. . . .	147 yards $\frac{1}{2}$ . . .	. . . .	794
Mousselines blanches, 6 pièces	. . . .	148 yards		
Basin blanc, 12 pièces	. . . .	300 yards $\frac{1}{2}$ . . .		
Une caisse contenant :				
Nankin à flammes, 29 pièces	. . . .	665 yards $\frac{1}{2}$ . . .	. . . .	450
Basin uni et rayé, 15 pièces	. . . .	370 yards $\frac{1}{2}$ . . .		
				4,615

DÉNOMINATION des MARCHANDISES ET OBJETS.	QUANTITÉS PAR		QUOTITÉ des ESTIMATIONS.	MONTANT TOTAL.
	Nombre de caisses, de sacs, etc.	Poids ou mesures.		
Report	. . . .	. . . .	. . . .	4,615 piastres.
Une caisse contenant :				
Culottes tricotées en coton et laine, 41 douzaines ½	. . . .	. . . .	. . . .	465
Une caisse contenant :				
Nankin croisé, 17 pièces	. . . .	386 yards ½ . . .		
Nankin à mille points, 10 pièces . . .	. . . .	230 yards ¼ . . .	. . . .	564
Nankin à flammes, 31 pièces	. . . .	732 yards ¼ . . .		
Nankin rayé, 11 pièces	. . . .	254 yards ½ . . .		
Une caisse contenant :				
Nankin à flammes, 17 pièces	. . . .	364 yards ½ . . .		
Basin uni, 2 pièces	. . . .	44 yards ¼ . . .		
Bourg en coton, 7 pièces	. . . .	208 yards ¼ . . .		
Mousselinettes en couleur, 2 pièces . .	. . . .	48 yards ¾ . . .		
Basin blanc, 18 pièces	. . . .	458 yards ¾ . . .	. . . .	479
Mouchoirs grands de mousseline fine, avec bordure de diverses couleurs, 8 d.	. . . .	. . . .		
Mousseline fine unie, 3 coupons	. . . .	11 cannes ½ . .		
Une caisse contenant :				
Velours noir en coton, 30 pièces	. . . .	668 yards ¾ . . .	. . . .	651
Velours bleu, *id.*, 12 pièces	. . . .	272 yards ½ . . .		
Draperies.				
Londrin second, 36 pièces	. . . .	300 cannes . . .	. . . .	900
Londrin plus ordinaire, 32 pièces . . .	. . . .	264 cannes . . .	. . . .	792
Londrin ordinaire, 34 pièces	. . . .	274 cannes . . .	. . . .	730
Demi-drap d'Angleterre, 54 pièces . . .	. . . .	393 cannes . . .	. . . .	1,113
Casimir d'Angleterre, 22 pièces	. . . .	271 cannes ½ . .	. . . .	1,086
Drap d'Angleterre, 23 pièces	. . . .	187 cannes ¼ . .	. . . .	1,185
Drap anglais très-fin, 21 pièces	. . . .	169 cannes . . .	. . . .	1,098
Draps silésie de France, tirant 602 aunes ½, sur quoi il a été déduit 12 aunes à cause d'avarie, 23 pièces	. . . .	590 aunes ½ . . .	. . . .	491
Prunelles noires et serges tondue, 71 p.				
Id. jaunes et imprimées, 11 pièces . . .	. . . .	. . . .	. . . .	1,017
Serges Scialis pour le levant, 87 pièces .	. . . .	. . . .	. . . .	826
Nankinettes de Nîmes, coton et soie, 7 pièces	. . . .	. . . .	. . . .	73
				16,085

DÉNOMINATION des MARCHANDISES ET OBJETS.	QUANTITÉS PAR		QUOTITÉ des ESTIMATIONS.	MONTANT TOTAL.
	Nombre de caisses, de sacs, etc.	Poids ou mesures.		
Report	. . . .	. . . .	. . . .	16,085 piastres.
Toile pour nappes de 3 bras ¾ largeur, 2 pièces	. . . .	35 cannes 2 pans 9 pouces romains .	. . . .	116
Toiles pour serviettes d'un bras et ½ largeur, 4 pièces	. . . .	124 cannes ½ . . .		
Droguets d'Angleterre, 29 pièces . .	. . . .	320 cannes	. . . .	160
Calmouks de Rome, 1 pièce	. . . .	7 cannes	. . . .	40
Molleton verd ordinaire, 3 pièces	. . . .	. . . .		
Grain alepin verd, 1 pièce	. . . .	49 yards ⅞		
Perpétuelles d'Angleterre, 98 pièces. . .	. . . .	42 yards l'une . .	. . . .	686
Durois avec écarlate, 60 pièces	. . . .	. . . .	. . . .	495
Durois sans écarlate, 48 pièces . . .	. . . .	. . . .	. . . .	384
Durois avec écarlate, 60 pièces	. . . .	. . . .	. . . .	495
Durois avec écarlate, ...	. . . .	. . . .	. . . .	495
Durois, 40 pièces	. . . .	. . . .	. . . .	428
Sagatis, 14 pièces				
Durois sans écarlate, 50 pièces . . .	. . . .	. . . .	. . . .	400
Durois avec écarlate, 60 pièces. . . .	. . . .	. . . .	. . . .	495
Durois avec écarlate, 60 pièces	. . . .	. . . .	. . . .	495
Serges archi-impériales un peu avariées, 60 pièces	. . . .	. . . .	. . . .	420
				20,203
A déduire, escompte à 4 pour cent				848 21 4
Reste				20,354 17 8
A ajouter le montant des marchandises de l'autre part, sur lesquelles il n'a été réduit que l'escompte de 3 p. %				7,004 12 11
TOTAL				27,359 10 7

Le tableau ci-dessus, montant à la somme totale de vingt-sept mille trois cent cinquante-neuf piastres dix sous sept deniers de huit réaux, faisant celle de cent cinquante-sept mille trois cent dix-sept livres cinq sous neuf deniers florentins; ayant été certifié sincère et véritable par les experts Joseph de David Ancona et Isaac Vita Eurichès, le citoyen Frederici a remis auxdits citoyens Geoffroy, Rebufat et compagnie les clés du magasin, et ceux-ci s'en sont chargés, ainsi que des marchandises ci-dessus mentionnées, aux conditions du traité passé à la compagnie par le gouvernement. Le citoyen Frederici ayant fait les mêmes observations motivées dans le précédent procès-verbal du seize fructidor, an quatre républicain, les citoyens Geoffroy, Rebufat et compagnie ont fait la même réponse. En foi de quoi nous avons dressé le présent procès-verbal que nous avons signé avec lesdits citoyens Frederici, Geoffroy, Rebufat et compagnie, et les deux experts ci-dessus dénommés.

Fait triple, à Livourne, le vingt-huit fructidor, l'an quatrième de la République française, une et indivisible.

Signé, GEOFFROY, REBUFAT et compagnie, JOSEPH D'ANCONA, *stimatore*; ISAAC VITA, *stimatore*; FREDERICI et BELLARD.

ÉGALITÉ. LIBERTÉ.

RÉPUBLIQUE FRANÇAISE.

Et par une suite des opérations motivées dans les procès-verbaux des 8 et 17 fructidor an 4 républicain, nous, François Bellard, commissaire des guerres, nous étant transportés avec les mêmes citoyens Frederici, Geoffroy, Rebufat et compagnie, aux divers magasins désignés ci-après, dans lesquels nous avons précédemment réuni les marchandises éparses dans d'autres magasins, les mêmes experts Joseph de David Ancona et Isaac Vita Enriches, ont procédé en notre présence, depuis le 29 fructidor dernier jusqu'à ce jour 8 vendémiaire an 5 républicain, à l'inventaire, la vérification, la pesée et l'estimation des marchandises ci-après:

SAVOIR,

DÉNOMINATION des MARCHANDISES ET OBJETS.	QUANTITÉ PAR nombre de caisses, de sacs, etc.	QUANTITÉ PAR poids ou mesures.	QUOTITÉ des ESTIMATIONS.	MONTANT TOTAL.
Magasin de Pollard, dans la cour de Funereau.				
Chiffons pour papeterie		85,438.	19 fr. le c[te] de 150 l.	1,803 p. 13ſ 9
Fers	4 barres	243	20 fr. le cent	8 2 »
Souliers très-mauvais	25 paires			
Escarpins, *idem.*	82 *idem*		1 fr. 10ſ la paire	26 15 »
Chiffons de soie, deuxième qualité	75 balles	21,721	8 p. $\frac{1}{3}$ le cent	1,810 1 8
Magasin de Pauthon, rue Borra.				
Chiffons de soie dits Capitoni	1 balle	169	25 p. le cent	42 5 »
Idem . . . dits Filatojo	11 balles	3,517	17 p. le cent	597 17 9
Idem . . . dits Caldaja	135 balles	40,743	8 p. $\frac{1}{3}$ le cent	3,395 5 »
Idem . . . dits plus ordinaires	10 balles	2,838	6 p. $\frac{1}{3}$ le cent	179 14 9
Cave de Porter, vis-à-vis le Refuge.				
Rocour	61 barils	23,285	3 fr. la livre	11,642 10 »
Bois de réglisse		1,500	1 p. $\frac{1}{2}$ le cent	22 10 »
Vieux cercles de fer		9,535	12 fr. le cent	174 16 3
Magasin de Raguenau, vis-à-vis le théâtre neuf.				
Poudre de Florence	22 caisses	71	6 fr. l'une	737 6 6
Idem	24 barils		3 fr. *idem*	32 » »
Sommaco en poudre	4 bariques	2,500	6 fr. le cent	25
Tartre de Sicile	23 bariq., 2 barils	26,350	13 fr. le cent	570 18 4

DÉNOMINATION des MARCHANDISES ET OBJETS.	QUANTITÉ PAR		QUOTITÉ des ESTIMATIONS.	MONTANT TOTAL.		
	Nombre de caisses, de sacs, etc.	Poids ou mesures				
. . . .	. . . .	. . . .	. . . .	. . . .		
Coton en laine de Chypre	17 ballots	5,085	14 p. ½ le cent . .	737	6	6
Idem . . . . . . *idem* avarié	5 *idem*	477	6 p. le cent . . .	28	12	4
Laine lavée de Barbarie	91 balles	43,519	6 p. le cent . . .	2,611	2	9
Idem . . . . . . *idem*	30 *idem*	13,873	6 p. ¼ le cent . .	867	1	3
Idem . . . . . . *idem* écarts	11 *idem*	5,632	2 p. ½ le cent . .	140	16	»
Laine en suin	111 *idem*	57,652	7 p. ¼ le c^to^ de 160 l.	2,612	7	1
Idem . . . . . . *idem*	62 *idem*	35,007	9 p. le c^to^ de 160 l. .	1,969	2	10
Idem . . . . . . *idem*	22 *idem*	11,225	7 p. ¾ le c^to^ de 160 l.	543	14	2
Idem . . . . . *idem*	8 *idem*	4,125	4 p. le c^to^ de 160 l. .	103	2	6
Laine Romagne, dite Aguina	1 balle et 2 ballots.	654	10 p. le cent . . .	69	8	«
Laine . . . . . dite Bisssana	1 balle	414	12 p. le cent . . .	49	13	7
Laine . . . . . dite Cassana	1 *idem*	238	12 p. le cent . . .	28	11	2
Casse	34 bariq. et 10 sacs.	14,050	10 p. le cent . . .	1,405	»	»
Savon madré	42 caisses	7,878	43 p. le cent . . .	564	11	9
Savon du Levant	6 caisses	2,116	37 p. le cent . . .	130	9	8
Alizari de bonne qualité	64 balles	16,543	7 p. le cent . . .	1,150	»	2
Idem . . . . avarié	5 *idem*	1,500	4 p. le cent . . .	60	»	»
Chiffons de soie, première qualité . . .	5 *idem*	1,381	17 p. le cent . . .	234	15	5
Idem . . . . . *idem* deuxième qualité.	181 *idem*	53,701	8 p. ⅓ le cent . .	4,475	1	8
Idem . . . . . *idem* troisième qualité.	80 *idem*	21,698	6 p. ⅓ le cent . .	1,374	4	2
Sel de nitre	13 tierçons	5,258	6 p. le cent . . .	315	9	7
Balances en fer avec des poids en bronze.	2	. . . .	. . . .	126	»	»
Kina	2 cassettes . . .	290	2 fr. la livre . . .	96	13	4
Mouchoirs de coton assortis	150 douzaines . . .	. . . .	26 fr. ½ la douzaine.	662	10	»
				40,717	3	5
A déduire escompte 3 pour cent				1,220	10	3
Total net				39,496	13	2

Le tableau ci-dessus, montant à la somme de 39,496 piastres 13 sous 2 deniers de 8 réaux, faisant celle de 227,105 livres 15 sous 8 deniers florentins, ayant été certifié sincère et véritable par les experts Joseph de David Ançona et Isaac Vita Euriches, le citoyen Frederici a remis auxdits citoyens Geoffroy, Rebufat et compagnie les clefs des magasins ci-dessus désignés; et ceux-ci s'en sont chargés, ainsi que des marchandises ci-dessus mentionnées, aux conditions du traité passé à la compagnie par le gouvernement. Le citoyen Frederici ayant fait les mêmes observations motivées dans le précédent procès-verbal signé le 16 fructidor an quatrième républicain, les citoyens Geoffroy, Rebufat et compagnie ont fait la même réponse. En foi de quoi nous avons dressé le présent procès-verbal, que nous avons signé avec lesdits citoyens Frederici, Geoffroy, Rebufat et compagnie, et les deux experts ci-dessus dénommés. Fait quadruple à Livourne le 8 vendémiaire an 5 de la République française, une et indivisible.

Signé, GEOFFROY, REBUFAT et compagnie, BELLARD, FREDERICI, ISAAC-VITA EURICHES, *stimatore*, JOSEPH DE DAVID ANCONA, *stimatore*.

N°. III.

ARMÉE D'ITALIE.

SERVICE DES HOSPICES MILITAIRES.

Etat des médicamens nécessaires à l'approvisionnement de l'hôpital pour deux mois, autorisé par le citoyen Bellard, commissaire des guerres, lesquels seront délivrés des magasins du citoyen Geoffroy, à poids de marc, sur le reçu du citoyen Jullien, économe de l'hôpital militaire de Saint-Jacques de cette ville ;

SAVOIR,

Une caisse de quinquina choisi, pesant	400 livres.
Une caisse de manne	600
Sucre en pain	800
Une caisse thé.	100
Une balle follicule de séné	200
Une barique tamarin	400
Une caisse assa-fétida	100
Une caisse gomme adragante	150
Une balle bois de réglisse	600
Un ballot de casse en bâton.	120
Savons gris.	600

Le tout à poids de marc.

Je soussigné, pharmacien en chef, certifie le besoin urgent des articles ci-dessus énoncés pour le service militaire de l'hôpital de cette ville. Livourne, le 9 vendémiaire an 5 républicain. *Signé*, CHANDELLIER.

Vu par le commissaire des guerres, approuvé pour être fourni les objets ci-dessus par le citoyen Geoffroy, sous l'approbation du consul de la République française à Livourne. *Signé*, BELLARD.

Vu et approuvé par le consul de la République française à Livourne, et sauf le consentement volontaire des citoyens Geoffroy et Rebufat, agens de la compagnie Laporte et Flachat. Livourne, ce 11 vendémiaire, l'an 5 de la République française. *Signé*, BELLEVILLE.

ARMÉE D'ITALIE.

ADMINISTRATION.

SERVICE DES HOPITAUX MILITAIRES.

Récépissé comptable.

Etat des médicamens qui ont été livrés par les citoyens Geoffroy, Rebufat et compagnie, pour le service de l'hôpital militaire établi à cette place de Livourne, cejourd'hui 13 vendémiaire de l'an 5 de la République française;

SAVOIR,

	Poids de Toscane,	faisant poids de marc.	
N°. 1. Savon	768 liv.	576 liv.	" onces.
N°. 2. Casse en bâton. . . .	160	120	"
N°. 3. Assa-fétida.	186	139	8
N°. 4. Tamarin	1010	757	8
N°. 5. Follicule de séné. . .	225	168	12
N°. 6. Thé.	110	82	8
N°. 7. Manne	778	583	8
N°. 8. Quina	352	264	"
N°. 9. Sucre en pain	400	300	"
N°. 10. Gomme adragante. .	270	202	8

N°. 11. Un ballot de vieux linge contenant cinq à six chiffons et trois chemises demi-usées.

Le présent état certifié véritable jusqu'au onzième numéro, sans rature, grature et ni interligne, et avoir reçu tous les articles mentionnés ci-dessus, poids de Toscane, réduit en poids de marc.

Livourne, le 13 vendémiaire, cinquième année de la République française, l'économe de l'hôpital militaire établi à Saint-Jacques. *Signé*, JULLIEN. Vu par le commissaire des guerres. *Signé*, BELLARD.

PLACE DE LIVOURNE.

Effets militaires.

Je soussigné, garde-magasin des effets militaires en cette place de Livourne, déclare avoir reçu du citoyen Laporte et compagnie, la quantité de soixante aunes de gros calmouk en trois pièces, qui ont été versées au magasin dont la direction m'est confiée.

Livourne, le 6 frimaire, an cinquième républicain. *Signé*, B. Marigni. Vu par le commissaire des guerres. *Signé*, Bellard.

ÉGALITÉ. LIBERTÉ.

ARMÉE D'ITALIE.

SERVICE.

A Livourne, le 14 vendémiaire, cinquième année républicaine.

François Bellard, commissaire des guerres, au citoyen Geoffroy.

Je vous invite et requiers au besoin, citoyen, de vouloir bien remettre au citoyen Roussel, chirurgien de première classe, les bistouris et lancettes qui se trouvent dans vos magasins : vous y joindrez douze rasoirs et douze ciseaux; les deux premiers articles ne se trouvant qu'à Florence, on évitera par-là une dépense considérable à la République. J'ai l'honneur de vous saluer. *Signé*, Bellard.

Conformément à la susdite réquisition, j'ai reçu du citoyen Geoffroy, quatre douzaines de lancettes, une douzaine de ciseaux fins, une douzaine de rasoirs fins et dix bistouris. Livourne, ce 15 vendémiaire, an 5 républicain, le chirurgien de première classe. *Signé*, Roussel.

Livourne, le 11 vendémiaire, l'an 5 de la République.

Les citoyens Geoffroy, Rebuffat et compagnie, au citoyen Sapey.

En réponse, citoyen, à votre lettre de ce jour, nous ignorons si, dans les marchandises qui nous ont été consignées, il existe des lunettes propres à la marine; mais nous nous prêterons volontiers aux moyens d'en faire la vérification.

Nous devons cependant vous présenter une observation importante. Le reçu que vous offrez de nous donner ne peut suffire à notre décharge : nous tenons les marchandises consignées pour les vendre conformément aux traités que nous avons passés avec le gouvernement. Nous ne pouvons juger ni de votre qualité, ni du besoin que vous avez des objets requis. Le consul qui nous a fait la remise des marchandises, peut seul nous autoriser à en changer la destination : ainsi, nous vous remettrons les lunettes qui seront reconnues vous être nécessaires, aussitôt que la réquisition que vous nous en ferez sera agréée par le consul.

Salut et fraternité. *Signé*, GEOFFROY, REBUFAT et compagnie.

Vous trouverez ci-joint, citoyen consul, la réponse du citoyen Geoffroy, et en conséquence veuillez bien leur en faire la demande ; on pourra même le leur payer d'après l'estimation qui en a été faite, et la République y trouvera son intérêt.

Salut et fraternité. *Signé*, SAPEY.

Vu et approuvé, sauf le consentement volontaire det agens de la compagnie Laporte, Flachat, soit pour la livraison, soit pour le paiement des lunettes.

Livourne, ce 11 vendémiaire, an 5 républicain. *Signé*, BELLEVILLE.

Reçu, conformément à la demande ci-dessus, deux grandes lunettes. Livourne, ce 11 vendémiaire, an 5. *Signé*, CASTELLINI.

Marchandises livrées sur l'approbation du citoyen consul, et sur réquisition des commissaires des guerres et de la marine.

Pour le service des hôpitaux.

4 caisses savon madré, 768 livres, à 43 liv. monnoie longue, le cent	55 piastres.	15	10
1 sac canesice, pesant 160 livres, à 16 p. le cent. . .	16	"	"
1 caisse assa-fétida, pesant 186 livres	32	16	"
1 barique tamarin, pesant 1010 livres	10	"	"
1 balle follicules de séné, pesant 225 livres, à 24 p. le cent	54	"	"
1 caisse thé, pesant 110 livres, à 1 liv. 10 s. monnoie longue	27	10	"
3 caisses manne, pesant 778 livres, à 2 liv.	90	15	4
	286	1	4

Report		286 piastres.	15	4
2 caisses quina, pesant 352 livres, à 2 liv.		114	"	"
Sucre en pain, 400 livres, à 21 p. le cent. . . .		84	"	"
Gomme adragante, 270 livres, à 17 p. ½ le cent . .		47	5	"
1 ballot vieux linge et trois chemises				
4 douzaines lancettes	15ᵗᵗ			
1 douzaine de ciseaux fins	8			
1 douzaine rasoirs fins.	16			
10 bistouris	2			
	41	7	2	7
3 pièces moleton vert-ordinaire.		23	3	4

Pour le service de la marine.

2 grandes lunettes	1	6	1
	562	19	1
Escompte, 3 pour cent . . .	16	17	7
	546	1	4

No. I V.

ÉGALITÉ. LIBERTÉ.

CONSULAT DE LIVOURNE.

Livourne, le 25 vendémiaire, an 5 de la République française, une et indivisible.

Le consul général de la République française en Toscane, aux citoyens Geoffroy, Rebufat et compagnie.

Je vous transmets, citoyens, la copie de la lettre du général en chef, que le général Serrurier m'a adressée, en me faisant connoître ses ordres pour l'exécution de ceux qu'il a reçus.

Je me suis donc chargé de vous prévenir qu'avant mardi au plus tard, le général vous donnera la liste des objets qu'il se propose de désigner pour le service de l'armée, et qui devront être retirés de suite de vos magasins pour rentrer dans ceux de la République. Je n'ai pas besoin de vous observer que ces objets ne devront pas être mis en vente : nous nous entendrons ensuite d'après les états qui en seront formés, pour les rayer de dessus les inventaires, tant pour réduire le montant des estimations, que pour que vous ne soyez obligé de tenir compte que de ce qui vous aura été réellement livré.

Salut et fraternité.

Signé, Belleville.

ÉGALITÉ. LIBERTÉ.

RÉPUBLIQUE FRANÇAISE.

ÉTAT des marchandises propres pour le service de l'armée, qui ont été retirées des magasins consignés à la compagnie Flachat, Laporte et Castelin, en vertu des ordres du général Serrurier, commandant les troupes de la République française en Toscane;

SAVOIR,

DÉNOMINATION des OBJETS OU MARCHANDISES.	QUANTITÉ PAR nombre de caisses, de sacs, etc.	poids ou mesures.	QUALITÉ des ESTIMATIONS.	MONTANT TOTAL.		
Quina.	40 caisses	7210	à 2 fr. la livre	2,403 p.	6ſ	8d
Manne	15 caisses	3844	à 14ſ la livre.	472	14	»
Sucre de la Havane	2 tierçons et 3 caisses.	2486	à 21 p. le cto. de 151 liv.	345	14	8
Sucre Mascavade	25 bariques.	33799	à 17 p. $\frac{5}{8}$ le cto. de 151 liv.	3,973	1	3
Sucre en pain		454	à 21 p. le cent.	95	6	9
Follicules séné	4 balles.	550	à 24 p. le cent	132	»	»
Noix muscades	1 tierçon	56	à 30₶ la livre	280	»	»
Saumon plomb.	504	121050	dtos. 36 $\frac{1}{2}$ les 2 cent	5,154	13	3
Graine de lin	1 barique.			5	»	»
Aloé	1 caisse.	383	à 22 p. le cent	84	5	2
Saumon salé.	1 barique.			16	»	»
Peaux d'agneaux et de chevreaux	34 bariques.		à 30 p. la barique.	1,020	»	»
Boutons de plomb	1 sac			3	»	»
Peaux de moutons corroyées.	23 douzaines.			50	»	»
Souliers.	124 paires			31	»	»
Clous.	1 sac			2	»	»
Peaux de veaux et marins avariées	3 douzaines $\frac{3}{4}$			37	»	»
Fer.	4 barres.	243	à 20₶ le cent.	8	2	»
Bois de réglisse	1500 pesant	1500	à $\frac{1}{2}$ p. le cent	22	10	»
Vieux cercles de fer.		9535	à 11₶ le cent.	174	16	3
Casse.	10 bariques.			570	»	»
Sel nitre	13 barils.			315	9	7
				15,195	19	7
A déduire escompte, trois pour cent.				455	17	7
Reste de 8ſr				14,740	2	»

Culotes tricotées en laine et coton, 1 caisse	465 p.	" s	" d
Draps londrins 2ds, 102 pièces	2,422	"	"
Demi-drap d'Angleterre, 54 pièces et demie	1,113	"	"
Casimir d'Angleterre, 22 pièces	1,086	"	"
Draps d'Angleterre, 44 pièces	2,283	"	"
Drap Silésie, 23 pièces	191	"	"
Prunelles jaunes imprimées, 11 pièces, à 11 piastres la pièce.	165	"	"
Serge scialis, 87 pièces	826	"	"
Calmouc de Rome, une pièce	10	"	"
Durois avec écarlate, 5 balles	2,475	"	"
Durois sans écarlate, 3 balles. / Sagatis, 14 pièces.	1,212	"	"
Serge archi-impériale, 1 balle	420	"	"
	12,968	"	"
A déduire escompte, 4 pour cent	518	14	5
Reste net de 8/r	12,449 p.	5 s	8 d

RÉCAPITULATION.

Marchandises de l'autre part	14,740 p.	2 s	" d
Celles ci-dessus	12,449	5	8
Total de 8/r	27,189	7	8

Je soussigné, chargé en chef du bureau des prises faites sur les ennemis de la République française à Livourne, certifie avoir reçu des citoyens Geoffroy, Rebufat et compagnie, les objets ci-dessus mentionnés, montant, d'après les prix d'estimation, à la somme nette de 27,189 piastres 7 s 8 d de 8 réaux, lesquels objets ont été mis en réserve pour le service de l'armée française d'Italie, d'après les ordres du général en chef Buonaparte, qui m'ont été transmis par le général divisionnaire Serrurier, par sa lettre du 2 de ce mois.

Fait à Livourne, le 24 brumaire an 5. *Signé*, FREDERICI.

N°. V.

COMPTE DE VENTE

Des marchandises prises sur les ennemis de la République française, remises par le citoyen Belleville, consul de la République française à Livourne, à la compagnie Christophe Flachat, Laporte et Castelin, et par celle-ci vendues aux enchères publiques et délivrées aux adjudicataires comme suit :

Lot. Nos.		Poids	Prix (p.)	Prix (s.)	Montant (p.)	s.	d.
11	6 bariques café . . . . pesant	5,985 liv.	à 20 p.	17 s. le cent	1,248 p.	15	7
12	6 . . . . . *idem*	5,209	20	11	1,070	8	11
13	6 . . . . . *idem*	5,587	20	11	1,148	2	8
14	6 . . . . . *idem*	5,587	20	13	1,153	14	»
15	3 et 1 baril. *idem*	3,545	10	19	763	12	6
	bariques 29 et 1 baril. *idem*	26,014					
16	3 barils amidon	797	27 liv. ½ le cent, monnoie longue		36	10	6
21	7 bariques sucre	9,570	19 p.	¾ le quintal de 151 livres	1,251	14	»
22	7 . . . . . *idem*	9,352	20	15	1,241	15	5
23	7 . . . . . *idem*	9,712	20	¼	1,302	8	8
24	7 . . . . . *idem*	9,600	20	4	1,284	4	9
25	7 . . . . . *idem*	9,704	20	6	1,304	11	6
26	7 . . . . . *idem*	9,060	20	3	1,209	»	»
27	7 . . . . . *idem*	9,050	20	2	1,206	»	»
28	7 . . . . . *idem*	9,275	20	¼	1,243	16	7
29	7 . . . . . *idem*	9,060	20	3	1,209	»	»
30	7 . . . . . *idem*	9,900	20	½	1,327	12	11
31	7 . . . . . *idem*	9,340	20	¼	1,252	11	»
32	7 . . . . . *idem*	10,193	20	½	1,366	17	6
33	7 . . . . . *idem*	9,900	20	6	1,330	18	6
34	7 . . . . . *idem*	9,060	20	4	1,212	»	»
35	7 . . . . . *idem*	9,859	20	7	1,328	14	»
36	7 . . . . . *idem*	7,555	20	7	1,017	10	»
37	7 . . . . . *idem*	9,510	20	6	1,278	9	11
38	7 . . . . . *idem*	8,276	20	7	1,115	6	10
39	9 . . . . . *idem*	11,314	20	13	1,533	11	4
	135 bariques	17?,195					
40	37 37 barils sucres	8,947	23	1	1,365	15	»
41	3 caisses ..ites de la Havane.	1,487	21	12	212	14	2
					31,015 p.	2	3

Lot.	Quantité	Marchandise	Poids (liv.)	Prix p.	s.		p.	s.	d.
						Report	31,015 p.	2 s.	3 d.
N°. 43	12 sacs	gingembre noir	1,277 liv.	à 13 p.	2 s.	le cent	167	5	8
44	12	dit	1,085	13	½		143	15	»
45	12	dit	1,277	13	18		177	10	»
46	12	dit	1,155	13	12		157	1	7
47	12	dit	1,155	13	16		159	7	9
48	12	dit	1,055	13	18		146	12	10
49	12	dit	1,034	13	16		149	12	»
50	12	dit	973	13	12		132	6	»
51	12	dit	1,155	14	»		161	14	»
52	12	dit	1,051	13	19		146	12	2
53	12	dit	1,051	13	19		146	12	3
54	12	dit	1,051	13	18		146	1	8
55	12	dit	2,051	13	18		146	1	8
56	12	dit	1,084	14	½		157	3	7
57	12	dit	1,155	14	»		151	14	»
58	12	dit	1,030	14	2		144	14	3
	192 sacs.		17.689						
59	1 barique	gingembre blanc.	298	18	½		55	17	6
60	1 barique	alun du Levant.	1,190	52	anonn. longue le q^{al} de 160 ℔		42	19	6
61	33 balles	alizari	9,100	9	12		873	12	»
62	33	dit	9,100	9	»		819	»	»
63	33	dit	9,180	9	4		844	11	2
64	33	dit	9,180	9	½		849	3	»
65	32	dit	8,062	9	4		741	14	»
66	5	dit	1,315	6	»		80	14	»
	169 balles		45,967						
67	3 bariques	poivre giroflé	2,780	14	»		389	4	»
68	17 barils	poivre giroflé	2,070	13	2		291	17	9
69	17	dit	2,070	14	2		291	17	10
70	17	dit	2,070	14	1		290	16	7
71	17	dit	1,930	14	»		270	4	»
72	16	dit	1,850	14	»		259	»	»
73	16	dit	1,400	14	»		197	8	»
	100 barils.		11,390						
74	27 sacs	poivre giroflé	4,430	13	8		593	12	4
75	27	dit	3,319	13	½		439	16	8
76	27	dit	3,905	13	6		519	7	3
77	27	dit	4,314	13	½		571	12	»
78	26	dit	3,320	13	½		439	16	8
79	26	dit	3,604	13	½		477	10	7
	160 sacs.		22,892						
							42,799 p.	15 s.	2 d.

Lot.							
	Report				42,759 p.	15	[illegible]
Nos. 80	4 caisses thé booy	429 livres.	2 liv.	» monnoie longue.	143	»	»
81	4 dit	429	2	11	182	6	»
82	4 dit	416	2	7	174	13	8
83	4 dit	404	2	6	154	17	4
84	3 dit	296	2	½	111	»	»
	19 caisses.	2,004					
86	32 couffes cacao.	4,360	17 p.	2 s.	745	11	»
87	32 dit	4,498	17	2	769	3	»
88	32 dit	4,335	17	1	739	5	8
89	32 dit	4,150	17	8	732	2	»
90	31 dit	4,150	17	3	711	14	6
	159 couffes	21,494					
91	30 sacs	4,619	21	½	992	19	»
92	30 dit	3,950	21	»	829	10	»
93	30 dit	5,250	21	3	1,110	7	6
94	30 dit	5,250	20	1	1,052	12	6
95	30 dit	3,950	20	12	813	14	»
96	30 dit	3,735	20	½	765	13	6
97	30 dit	3,735	20	½	765	13	6
98	30 dit	3,735	20	½	765	13	6
99	30 dit	3,735	20	14	773	2	10
100	30 dit	3,735	20	12	769	8	2
101	30 dit	4,873	20	16	1,013	11	8
102	30 dit	3,735	20	12	769	8	2
103	30 dit	3,735	20	11	767	10	10
104	30 dit	4,873	20	14	1,008	14	2
105	30 dit	3,735	20	13	771	5	6
106	30 dit	3,735	20	11	767	10	10
107	30 dit	3,735	20	10	765	13	6
108	30 dit	3,735	20	11	767	10	10
109	30 dit	3,735	20	12	769	8	2
110	30 dit	5,250	20	11	1,078	17	6
111	22 dit	3,740	20	13	771	5	6
	622 sacs.	86,575					
112	29 sacs	3,990	18	¾	748	2	6
113	29 dit	4,050	18	»	729	»	»
114	29 dit	3,658	17	¾	649	5	9
115	29 dit	3,516	19	¾	641	16	9
116	29 dit	4,021	17	14	711	14	4
117	29 dit	3,998	17	¼	689	13	»
118	28 dit	3,713	17	7	644	4	»
219	28 dit	3,814	17	¼	657	18	4
120	28 dit	3,772	17	2	645	»	1
121	28 dit	3,814	17	¼	657	18	3
122	28 dit	3,740	17	4	643	5	7
	314 sacs.	42,186					
					72,582 p.	10 s.	

Lot.							
	Report				72,582 p.	18ſ	8
124	25 barils. dit	3,568	19 p. 5ſ le cent		586	16	9
125	24 dit	3,400	19 13		668	2	»
	49 barils.	6,986					
126	19 sacs galles	4,840	16 »		774	8	»
127	4 caisses gomme copale	1,000	31 »		310	»	»
129	4 caisses. / 1 sac. } tartre blanc	1,200	38	½ monnoie longue	76	10	»
135	2 caisses vitriol	371	12	11 le mille	4	13	1
136	1 sac fenouil du Levant / 1 barique zednaria / 2 baril soufre en poudre			pour	58	»	»
137	1 barique petits moruaux d'os de baleine				60	»	»
139	1 barique plats et assiettes en terre de pipe				96	»	»
141	3 futailles tartre	3,360	28	» monnoie longue le cent	156	7	»
142	Divers meubles et ustensiles de cuisine suivant l'inventaire				458	»	»
143	11 paires dessus de souliers pour femmes / 3 gilets / 37 paquets boutons / 17 tabatières / 5 étuis en similor / 20 paires gants de toile pour femme / 3 paires pendans d'oreilles de coques / 4 paires bas de soie / 3 coupons toile fine / 2 dits calmouc / 1 pièce grain alepin yard 49 ½ / 7 pièces nankin de Nimes, cannes 125 ¾				170	»	»
145	10 cassettes boutons diverses qualités, 768 liv.				458	»	»
	7 cassettes contenant,						
146	113 ½ grosses boutons / 2 douzaines rasoirs / 1 dite lunettes / 29 mouchettes / 26 grosses boutons / 20 gros boutons / 11 douzaines coliers en verre				117	»	»
	4 cassettes contenant,						
147	4 paires chandeliers plaqués / 29 paires dits petits / 1 sucrier				82	»	»
					75,735 p.	18ſ	

Lot	Contenu	Valeur
	Report	75,735 p. 18ſ 2
	7 cassettes contenant,	
Lot 148	12 ½ douzaines lunettes avec leurs étuis 32 porte-vues 37 porte-feuilles 13 ½ douzaines rasoirs 6 douzaines jambettes 11 douzaines ciseaux 27 ½ douzaines écritoires de poche 12 poignards anglais	230 » »
	1 barique et deux caisses contenant,	
149	31 ½ grosses boucles ordinaires 7 . . . . . . *idem*, petites 8 . . . . . . chappes 5 . . . . . . couteaux d'Allemagne 1 . . . . . . assiettes de tôle pour bouteilles 6 douzaines ciseaux 6 . . . . . . rasoirs ordinaires 1 grosse cuillers à café, de composition 34 douzaines couteaux de table, avariés 725 grosses boutons noirs assortis 46 . . . . . . dits blancs ordinaires 3 . . . . . . jarretières rouges ordinaires 24 ½ douzaines boucles plaquées 68 . . boucles pour échantillon 2 grosses dites pour col, en composition	432 » »
150	1 pendule	100 » »
151	1 dite plus petite	51 » »
152	94 douzaines fouets assortis 2 . . . . . . dits pour voiture 1 . . . . . . dits pour baroches	504 » »
153	229 ½ douzaines éventails ordinaires 35 . . . . . . tabatières en carton, très-communes	100 » »
154	12 douzaines éventails en bois 19 . . . . . . dits en os 9 ½ . . . . . . écritoires de poche	140 » »
155	250 grosses boutons noirs 5 ½ . . . . . . couteaux de table avec manches d'os 11 11/12 douzaines couteaux et fourchettes enchassés 15 fers à repasser 27 grosses clés de montre, en laiton 6 . . . . . . jambettes 17 grosses couteaux 6 garnitures de commode en cuivre doré 2 ½ grosses chappes 5 douzaines couteaux de table, avec manches dorés, plaqués	300 » »
		78,593 p. 1ſ 3d.

Report . . . . 78,593 p. 15 3

1 longue caisse contenant,

Lots 156 {

76 douzaines de cabarets en tôle peinte . . . .
49 ½ douzaines limes assorties. . . . .
1 grosse petites assiettes en tôle peinte . . . .
4 douzaines boucles de deuil. . . . .
52 paires boucles plaquées. . . . .
1 douzaine grands couteaux avec manches de bois. . . . .
1 douzaine grandes fourchettes . . . .
6 ½ douzaines couteaux de table . . . .
2 douzaines serrures en fer. . . . .
30 douzaines boucles noires pour jarretières. . . . .
6 douzaines petites assiettes en tôle peinte pour bouteilles . . . . .
12 . . . . . . bagues en laiton. . . . .
4 . . . . . . mouchettes pour chandelles . . . .
5 . . . . . . cadenas en fer. . . . .
7 . . . . . . porte-pièces pour cordonnier . . . .
38 . . . . . . outils pour sculpteurs . . . .
18 . . . . . . ciseaux assortis . . . .
12 . . . . . . lames de couteaux . . . .
11 . . . . . . petites serrures en fer . . . .
31 . . . . . . canifs. . . . .
18 . . . . . . boucles de jarretières . . . .
3 ½ . . . . . . tenailles et petits étaux. . . . .
1 . . . . . . tire-bouchons . . . .
32 tablettes cirage pour souliers. . . . . 456 » »
36 . . . . . . dites pour encre. . . . .
3 douzaines petites pincettes à épiler . . . .
6 douzaines charnières pour coffre . . . .
9 douzaines rasoirs. . . . .
7 . . . . . . fourchettes d'acier sans manches . . . .
1 grosse couteaux très-petits. . . . .
3 matrices pour vis. . . . .
22 douzaines garnitures de commodes dorées . . . .
3 . . . . . . pommeaux de porte dorés . . . .
12 clefs de voiture dorées. . . . .
4 ressorts en fer pousse-portes. . . . .
6 petits bas-reliefs représentant une Madone . . . .
12 chandeliers ou lanternes en tôle peinte . . . .
2 douzaines porte-mouchettes. . . . .
16 douzaines fers à tricoter. . . . .
7 douzaines dés pour femmes. . . . .
23 paires boucles de jarretières fines. . . . .
1 douzaine tourne-vis. . . . .
1 tourne-broche. . . . .
2 douzaines bâtons de vignes. . . . .
1 douzaine bambous. . . . .
1 douzaine fouets. . . . .
20 petites baguettes plaquées pour voitures . . . .
3 tapis pour voitures . . . .

}

2 bariques et 1 caisse contenant,

157 838 douzaines éventails ordinaires . . . . 308 » »

79,049 p. 15 3

Lots Nos.	Désignation	Prix	Montant	s.	d.
	Report		79,357 p.	15	3
153	3 nécessaires		403	»	»
159	1 barrique aleines pour cordonniers. 248,000	9l 7s effectifs les 2 cents	403	4	»
160	1 . . . . dites 220,000	9 7	357	14	9
161	1 . . . . dites 230,000	9 8	375	»	»
	3 barriques.				
162	1 caisse smatino de Venise 2 . . . . manches de couteau et perles en verre		100	»	»
139	32 schals de laine superfins. 17 mouchoirs d'Erbe. 8 dits madras		173	»	»
164	18 chapeaux ronds ordinaires. 30 dits à poil		52	»	»
166	300,000 aiguilles d'Allemagne	2l 11s les 3 cents.	133	»	10
167	300,000 . . . dites	2 12	135	13	»
168	300,000 . . . dites	2 14	140	17	4
170	129,000 . . . dites	2 14	60	11	5
	1,029,000				
171	18 petits coffres de carton. 3 petits fourneaux en fer. 1 cassette savon pour la barbe		13	»	»
172	25 douzaines chaînes de montre en acier. 25 . . . . . . clés de montre, *idem*. 5 . . . . . . boucles de jarretières, d'acier. 7 cartons échantillons de ciseaux, flacons, etc. ensemble, 71 pièces 16 bagues en similor 11 dez 10 cordons de montre en peau. 24 cachets en similor 3 éventails superfins. 5 . . . . . dits, *idem*		177	»	»
173	2 caisses contenant divers échantillons de rasoirs, boucles, couteaux, etc.		52	»	»
174	10 lampes à la quinquet. 5 lustres de crystal. 1 candelabre doré et gâté Divers verres et mèches pour dites.		111	»	»
175	214,000 aiguilles d'Angleterre	7l 18s effectifs les 2 cents.	291	»	5
176	200,000 . . . . . dites	7 18	271	15	7
177	190,000 . . . . . dites	8 »	264	7	»
178	156,000 . . . . . dites	8 2	265	6	5
179	157,000 . . . . . dites	8 3	222	10	7
	937,000		83,101 p.	2s	7d

Lots.	Articles	Aunages	p.	s	d
	Report		83,101 p.	2ſ	7d
N°. 180	2 bureaux 1 commode 1 table avec dessus de marbre 1 buffet		194	»	»
182	2 caisses gomme adragante . . . . 37 p. » le cent		181	6	»
184	980 cavanettes . . . . » 49ſ effectifs		417	11	3
185	980 . . . . » 50		426	1	8
	1960				
186	1 malle vieilles hardes, etc.		80	»	»
187	1 grand tapis } usés 3 dits petits. }		89	»	»
188	6 coussins de duvet		9	10	»
191	10 pièces nankin croisé rayé	218 y^es. ½	782	»	[illegible]
	20 pièces nankin Manchester, à l'instar des Indes				
	6 pièces basin de diverses couleurs	137 y^es. ½			
	2 . . . . nankin uni	44 id. »			
	3 . . . . basin en couleur	84 id. ¾			
	2 . . . . drap de coton	43 id. ½			
	9 . . . . bourre de coton	226 id. ½			
	8 . . . . basin blanc	222 id. ¾			
	7 mousselinette blanche	178 id. »			
	5 . . . . dite travaillée en couleur	132 id. ½			
	1 . . . . mousseline rayée et brodée	10 id. »			
	2 douzaines ½ mouchoirs avec bordure en couleur				
	3 . . . . 7/11 dits plus petits				
	5 . . . . ½ dits à raies blanches				
192	16 pièces mousselinette en couleur	390 y^es. »	568	»	»
	20 . . . . nankin de couleur à mille points	447 id. ¾			
	10 . . . . nankin croisé	230 id. ¼			
	4 . . . . dit uni	88 id. ½			
194	8 pièces de velours de coton noir	180 id. ¾	536	»	»
	2 . . . . dit à la Reine	45 id. »			
	8 . . . . demi-velours	194 id. »			
	27 nankin à flammes	593 id. ½			
	2 . . . . dit jaune uni	41 id. ¾			
	12 . . . . dit uni croisé	267 id. ½			
	1 . . . . basin blanc	24 id. »			
195	21 pièces basin blanc	1638 y^es. »	800	»	»
	19 . . . . dit plus étroit	450 id. ⅞			
	3 . . . . bourg rayé	114 id. »			
	6 . . . . basin noir	151 id. ½			
196	14 pièces basin noir croisé	357 y^es. ½	581	»	»
	24 . . . . velours de coton noir	521 id. ¼			
	6 . . . . dit blanc	131 id. ½			
			87,765 p.	11ſ	6d

Lots.					
	Report		87,365 p.	11 s	6 d
N°s. 197	30 pièces mousselinette à flammes rayées.	730 y^{es}. »			
	. . . . dites eu couleur.	147 *id.* $\frac{1}{8}$	918	»	»
	6 . . . . . dites blanches.	148 *id.* »			
	12 basin blanc	300 *id.* $\frac{3}{4}$			
	29 pièces nankin à flammes	665 y^{es}. $\frac{1}{2}$	572	»	»
	15 . . . . basin uni et rayé.	370 *id.* $\frac{1}{2}$			
199	17 pièces nankin croisé.	386 y^{es}. $\frac{1}{2}$			
	10 . . . . dit à mille points.	230 *id.* $\frac{1}{4}$	544	»	»
	31 . . . . dit à flammes.	732 *id.* $\frac{1}{4}$			
	11 . . . . dit rayé.	254 *id.* $\frac{1}{2}$			
200	17 pièces nankin à flammes	364 y^{es}. $\frac{3}{4}$			
	2 . . . . basin uni.	44 *id.* $\frac{1}{4}$			
	7 . . . . bourre de coton.	208 *id.* $\frac{3}{4}$			
	2 . . . . mousselinette en couleur	48 *id.* $\frac{3}{4}$	680	»	»
	18 . . . . basin blanc	458 *id.* $\frac{1}{4}$			
	8 douzaines $\frac{1}{2}$ grands mouchoirs de mousselinette . . . . avec bordures en couleur				
	3 coupons mousseline fine.	11 *id.* $\frac{1}{2}$			
201	30 pièces velours de coton noir. . / 12 . . . . dites bleu.	364 c^{nes}. $\frac{1}{8}$ à 10 ₶ 12 s monnoie longue la canne .	643	19	2
231	. . . . 24 pièc. prun. noires et serges tondues à 11 p. 14 s l'une		280	16	»
232	. . . . 24 . . . . dites 11 14		280	16	»
233	. . . . 23 . . . . dites 11 16		271	8	»
	71 pièces.				
235	. . . . 29 pièces droguet d'Anglet. 320 can. à 4 ₶ 1 s monnoie longue la canne .		216	»	»
236	. . . . 49 pièces perpétuelles d'Angleterre . . 9 p. l'une		441	»	»
237	. . . . 49 . . . . dites . . . . 8 $\frac{1}{4}$		404	5	»
	98 pièces.				
241	. . . 2 pièces toile pour nappes de 3 $\frac{1}{2}$	36 c^{nes}. 2 p^{ds}. 9 p^{ces}.	352	»	»
	. . . 4 . . . . dites pour serviettes	124 . . . . . $\frac{1}{2}$			
242	. . . . 85 p^{ces}. nankin, drap de coton, etc. avariées 1898 y^{es}.		529	»	»
243	. . . . 32 pièces velours ou soie demi-velours . 469 c^{nes}. à 7 ₶ 6 s mon. long. la canne.		570	15	8
244	. . . . 150 douzaines mouchoirs de coton . . à 33 ₶ monnoie longue la douzaine . .		825	»	»
245	. . . . 1 trumeau		30	»	»
246	. . . . 1 balle chiffons de soie *Capitoni* . . 166 liv. 34 »		56	8	9
247	. . . . 11 balles . . . dits de *Filatojo* . . 3,964 . . 35 $\frac{1}{2}$		1,407	4	4
			96,788 p.	4 s	5 d

Lots.	Désignation	Poids	Prix		Produit p.	s.	d.
	Report.				96,738 p.	45	5
Nos. 248	25 balles chiffons de soie *Caldaja*. p.	6,575 liv.	11	»	723	5	»
249	25 dits	7,085	11	$\frac{1}{4}$	796	10	»
250	25 dits	6,968	11	$\frac{1}{2}$	818	14	9
251	30 dits	9,245	12	$\frac{1}{4}$	1,132	10	3
252	31 dits	10,733	11	»	1,180	12	7
	136 balles.	40,606					
253	10 balles dits plus communs	2,820	8	12	242	10	»
254	25 balles dits de *Caldaja*	7,157	11	$\frac{1}{2}$	790	16	11
255	25 balles dits	7,702	11	$\frac{1}{2}$	851	1	5
256	25 balles dits	7,389	11	$\frac{1}{4}$	831	5	3
	75 balles.	22,248.					
260	13 barrils rocou	5,030	3 l.	6 f. mon. longue la liv.	2,766	10	»
261	12 dit	3,970	3	3	2,084	11	3
262	12 dit	4,623	3	6	2,541	»	»
263	12 dit	5,081	3	7	2,836	16	6
264	12 dit	4,500	3	7	2,512	10	»
	61 barrils.	23,204					
267	4 barriques sumac en poudre	2,655	8 l.	16 f. mon. longue le cent.	38	18	»
268	17 balles coton en laine	5,167	17 p.	» le cent	878	7	9
269	5 ballots dits avariés	477	12	8	59	3	»
271	25 balles laine de Barbarie, lavée.	11,945	7	9	889	18	6
272	20 dites.	10,041	7	$\frac{1}{2}$	653	1	6
273	21 dites.	9,670	7	9	720	8	2
	66 balles (de la partie de 91)	31,656.					
274	11 balles dit écarts	5,719	5	»	285	19	»
278	22 balles {dites en suin. (de la partie des 111.)}	9,330	9	2 m. l. le qtl. de 160 l.	534	1	1
280	25 balles laine de Barbarie en suin.	14,100	9	2 le quintal de 160 l.	802	18	9
281	25 dites.	14,068	9	7	822	1	10
	50 balles (de la partie des 62.)	28,168					
284	22 balles dites en suin.	11,550	9	1	653	5	10
285	30 balles dites lavées	13,941	7	11 le cent	1,052	10	10
286	{1 balle / 2 bal.} laine de Romagne, dite *Aguina*	618	14	2 le cent	91	7	4
					124,378 p.	15	3

Lots.			Poids	Prix		p.	s.	d.
	Report					224,378 p.	15	3
Nos. 287	1 balle	dite *Bisana*	p. 220 liv.	16 p.	12ʃ le cent	36	10	4
288	1 balle	dite *Cassana*	409	16	6	66	13	4
290	10 barriques, 4 sacs canefin		4,446	10	6	457	18	9
293	10 barriques tartre rouge		11,143	20ˡˡ	¾ mon. longue le cent.	376	1	6
297	6 caisses savon du Levant		2,076	35	2 effectifs le cent	126	14	5
299	5 balles chiffons de soie *Filotajo*		1,482	40 p.	» le cent	592	16	»
300	20 balles	dits *Caldaja*	6,994	13	»	909	4	4
301	20	dits	5,388	14	»	754	6	4
302	20	dits	6,211	13	1	810	10	8
303	20	dits	7,036	14	12	1,027	5	1
304	20	dits	7,643	15	»	1,146	9	»
305	20	dits	4,864	15	2	734	9	3
307	20	dits	5,560	13	½	750	12	»
308	20	dits	5,380	14	¼	780	2	»
	160 balles.		49,076					
310	25 balles	dites	7,844	8	¼	647	2	7
311	30	dites	8,617	8	7	719	10	»
	55 balles.		16,461					
313	2 balances avec leurs poids, etc.					125	10	»
						134,439	15	10
	Reste entre les mains du ministre de l'Asta					3,968	»	3
	Encaissé par la compagnie					130,471	15	7

Livourne, le 6 frimaire, an 5 de la République française.

ÉGALITÉ. LIBERTÉ.

RÉPUBLIQUE FRANÇAISE.

ÉTAT des marchandises et effets vendus, et non consignés ou invendus, qui m'ont été remis par la compagnie Flachat, Laporte et Castelin, suivant les ordres du citoyen Belleville, consul général de la République française en Toscane.

SAVOIR,

DÉNOMINATION des MARCHANDISES OU OBJETS.	QUANTITÉ PAR nombre de caisses, de sacs.	poids ou mesure.	ESTIMATION d'après les premiers inventaires de remise.	MONTANT TOTAL.		
Laine lavée de Barbarie	25 balles	11,945	6 livres le cent	716 p.	14ſ	»ð
Laine en suin	12	6,754	9 liv. le cte de 160 liv.	379	18	3
Laine, *idem*	86	45,631	7 livres ¾ le cte *id.*	2,067	12	11
Laine, *idem*, écarts	8	4,002	4 livres le cte *id.*	100	1	»
Chiffons de soie, deuxième qualité	20	6,927	8 livres ⅓ le cent	577	5	»
Idem, troisième, *idem*	25	6,861	6 livres ¼ le cent	634	10	7
Casse	14 barriques 2 sacs	5,429	10 livres le cent	542	18	»
Manne	16 caisses	4,024	14 sous la livre	469	9	4
Cacao	29 sacs	3,901	11 livres ½ le cent	448	12	3
Essence de citron	3 dames-jeannes	237	4 livres la livre	158	»	»
Poudre de Florence	108 barrils			150	»	»
Idem	24 barrils 22 caisses			54	»	»
Nankin	66 pièces			508	»	»
Aiguilles d'Allemagne	100,000		1tt 15ſ 3ð les 2 cent	91	19	»
Boucles	9 caisses			710	»	»
Commodes 5 Bonheur du jour 1 Bureaux 3 Tables à jeu 1 Tables de marbre, dont une partie cassée 13				99	»	»
				7,508	»	5
A déduire escompte, 3 pour cent				225	4	9
Total net de 8ſr				7,282 p.	15ſ	8ð

Je soussigné, chargé par la commission consulaire du bureau des prises faites sur les ennemis de la République française à Livourne, certifie avoir reçu des citoyens Geoffroy, Rebuffat et compagnie, les objets mentionnés ci-dessus, montant, d'après les prix des estimations portés sur les inventaires et procès-verbaux de remise, à la somme nette de 7282 piastres 15 s. 8 den. de huit réaux, desquels objets je m'en suis chargé, ainsi que des magasins où ils étoient déposés, conformément aux ordres du citoyen Belleville, consul général de la République française en Toscane.

Certifie avoir reçu des citoyens Geoffroy, Rebuffat et compagnie, 4 barriques peaux d'agneaux pour la valeur de 120 piastres, prix de l'estimation.

A Livourne, le 11 frimaire, an 5 de la République française, une et indivisible. *Signé*, FREDERICY.

Trois reçus du sieur Antonio Claudi, ministre dell' asta publica à Livourne, pour valeur des objets ci-après :

1 reçu	Lot n°. 257, chiffons pour papier, pesant 44,718 livres, à 20 ₶ 2 *s* le cantaro	998 p.	14 *s*	»
	Lot n°. 258, *idem*, pesant 44,718 livres, à *idem* . . .	998	14	»
	Idem, lot n°. 292, tartre rouge, 13 barriques 2 tierçons . . .	563	17	2
	Idem, lot 165, aiguilles d'Allemagne, 300,000, à 2 ₶ 10 *s* les 2 cents	130	8	8
	TOTAL	2,691 p.	13 *s*	10 d.

Je soussigné, chargé par la commission consulaire du bureau des prises faites sur les ennemis de la République française à Livourne, certifie avoir reçu des citoyens Geoffroy, Rebuffat et compagnie, les trois reçus ci-dessus désignés.

Livourne, le 11 frimaire, an 5 de la République française, une et indivisible. *Signé*, FREDERICY.

Nota. Il faut ajouter à cette décharge 42 caisses de savon madré qui y furent omises : elles sont estimées dans l'inventaire 564 piastres 11 *s* 9 d., n'ayant pu être vendues à cause de leur mauvaise qualité ; elles furent retirées par le consul. C'est un fait notoire, et sur lequel nous nous en rapporterons d'ailleurs à la déclaration du consul.

No. VI.

Produit des marchandises et effets pris sur les ennemis de la République française, consignés sur inventaire et estimation, par le citoyen Belleville, consul général, à la compagnie Christophe Flachat, Laporte et Castelin, et par celle-ci vendus à l'enchère publique, conformément à l'arrêté du commissaire du gouvernement du 9 fructidor an 4 de la République française.

Montant du premier inventaire	69,049 p.	2	7d
Idem du 2e	27,359	10	7
Idem du 3e	39,496	13	2
Idem de 32 pièces velours	508	1	8
TOTAL	136,413	8s	d

Distractions faites à déduire

Livré au citoyen consul, d'ordre du général Serrurier	27,189 fr.	7s	8d	37,330	11	8
Livré à l'hôpital militaire	546	1	4			
Marchandises existantes en magasin	9595	2	8			

Montant de l'estimation des marchandises vendues par la compagnie	99,082 fr.	16s	4d
Excédent sur l'estimation	35,356	19	6
Montant du compte de vente	134,439	15s	10d
A déduire,			
Arrêté par le consul de la République française, entre les mains du ministre dell' Asta	3,968	»	3
Encaissé par la compagnie	130,471 p.	15s	17d

Report				130,471 p.	15 s	7 d
A déduire,						
Aux portefaix, suivant leur reçu	1,547 fr.	11 s	10 d	12,082	13	9
Aux tonneliers, *Idem*	115	″	10			
A l'emballeur, *Idem*	91	16	6			
Etrennes aux commis de l'Asta	93	″	″			
Pour couriers extraordinaires, estaffettes, et autres frais	250	″	″			
Frais d'estimation à 1 pour 100 sur cent trente-six mille quatre cent treize livres huit sous	1,364	2	8			
Commission à 2 pour 100, sur cent trente-six mille quatre cent treize livres huit sous	2,728	5	4			
Prime du sixième de l'excédent de l'estimation, trente-cinq mille trois cent cinquante-six livres dix-neuf sous six deniers	5,892	19	6			
Net produit				118,389	1 s	10 d
Font, à 5 liv. ¾ toscane				680,737	5 s.	5 d
A réduire $\frac{1}{7}$ pour la réduction en livres tournois, d'après le procès-verbal ci-joint qui fixe le cours de l'écu de France à 7 liv. de toscane, ci				97,248	3	6
Total en livres tournois				583,489	2	″
Compté au payeur de la guerre à Livourne, conformément à l'arrêté du commissaire du Directoire exécutif en date du 13 brumaire				300,000	″	″
Total en livres tournois				283,589	2	″

Sauf erreur et omissions. Livourne, ce 6 frimaire an 5 de la République française.

Signé, Geoffroy, Rebuffat et compagnie.

ÉGALITÉ LIBERTÉ.

CONSULAT DE LIVOURNE.

Livourne, le 7 Frimaire an V.

Le consul-général de la République française en Toscane, aux citoyens Geoffroy et Rebuffat.

J'ai reçu, citoyens, avec votre lettre d'hier, les états du produit des ventes, de vos opérations sur les marchandises que je vous ai remises, d'ordre du gouvernement, ainsi que les reconnoissances et bordereaux que vous y avez joints, formant ensemble dix-neuf pièces différentes.

Je ferai passer ces pièces au citoyen Faypoult, ministre de la République à Gênes, et chargé par le ministre des finances de l'examen général des comptes de votre compagnie.

C'est lui qui réglera les états des dépenses que vous présentez et le montant des attributions que vous fixez. Je n'ai, à cet égard, d'autre observation à proposer, que ce sera à lui que devront être représentés les originaux des pièces justificatives dont vous ne me remettrez que des copies.

Je remarque encore que les droits du ministre de l'enchère publique ne sont point compris dans le bordereau de vos dépenses, et que vous ne me faites point connoître l'emploi que vous avez fait des 118,389 piastres que vous portez en produit net.

En vous rappelant les ordres du ministre des finances, qui nous sont communs, j'attends de votre exactitude que vous voudrez bien me mettre en état de lui apprendre, ainsi qu'au général en chef, quelle destination vous avez donnée à cette somme, et de l'assurer que vous m'en avez justifié.

Je crois aussi que vos arrangemens avec le ministre de l'enchère publique, ont été de lui payer deux et demi pour cent : il me restera à savoir par vous si ce droit se paiera sur le montant des estimations, ou plutôt, comme je le pense, sur le produit de la vente.

Pour suivre les opérations que vous avez commencées d'une manière également utile à la République que juste envers ceux que l'on est obligé d'y employer, je vous prie de me communiquer de confiance vos observations sur les moyens que vous avez suivis, ainsi que sur les individus qui vous ont aidés : elles me serviront également, et pour accélérer la fin des opérations, et pour écarter l'inconvénient des innovations qui occasionnent des frais et des longueurs.

Cette mesure nous servira également pour apporter l'exactitude convenable dans la fixation des quantités et de la valeur des marchandises vendues et non encore livrées; et je crois, comme vous, qu'il sera plus régulier de n'en tirer le montant net, pour connoître vos droits et vos attributions, que quand les pesées en auront été faites à la livraison. Je verrois avec plaisir que vous voulussiez laisser ici une personne de votre confiance pour assister à ces dernières opérations, en nous aidant à continuer les formes que vous aviez adoptées : elle nous seroit aussi utile pour répandre aux réclamations qui pourroient être faites.

J'aurai d'autant plus d'empressement à recevoir sans retard les magasins et les marchandises qui vous restent encore en consignation, qu'en faisant ce qui vous est agréable, je remplis le devoir qui m'est imposé, et par les ordres que j'ai reçus, et par le bien du service qui exige que tout soit terminé aussi promptement qu'il sera possible.

Ainsi, pour ne point perdre de temps, si, dès demain, vous voulez commencer à faire consigner au citoyen Frederici les marchandises invendues et non livrées, il vérifiera avec vous les états que vous m'avez remis, et vous le trouverez disposé, ainsi que moi, à écarter tout délai et toute difficulté.

Je regrette que les différens services dont je suis chargé ne me permettent pas de terminer moi-même avec vous tous les détails de cette opération, mais je me ferai un devoir d'informer le gouvernement de l'activité et de l'exactitude que vous avez apportées dans l'exécution de ses ordres. Salut et fraternité.

Signé, Belleville.

N°. VII.

LIBERTÉ ÉGALITÉ

Milan, le 8 vendémiaire an 5 de la République française, une et indivisible.

AU NOM DE LA RÉPUBLIQUE FRANÇAISE.

Le commissaire du Directoire exécutif près les armées d'Italie et des Alpes.

Les citoyens Cristophe Flachat, Laporte et Castelin, verseront, sur le produit des prises faites sur l'ennemi à Livourme, dans la caisse du payeur de l'armée à Livourne, une somme de 300,000 liv. de France, sur bonne et due décharge. *Signé*, Garrau.

ARMÉE D'ITALIE.

TRÉSORERIE NATIONALE.

Blanchard, préposé provisoire à Livourne du payeur général de l'armée d'Italie.

Je soussigné, reconnois avoir reçu, en vertu des pièces ci-jointes, des citoyens Laporte, Flachat et Castelin, la somme de 300,000 liv. numéraire métallique de France ou écus de Toscane, à raison de 7 liv. monnoie de Toscane, pour 6 liv. de France, suivant le procès-verbal ci-joint, de laquelle somme je me charge en recette, et promets de rendre un juste compte au citoyen Delcros, payeur général de l'armée d'Italie à Livonrne. Le 30 brumaire an 5, de la République française. *Signé* Blanchard.

Je soussigné, commissaire des guerres, certifie que le citoyen Blanchard, qui a signé ici-dessus, est tel qu'il se qualifie. Livourne, le 30 brumaire an 5 de la République française. *Signé*, fournier.

Extrait du procès-verbal fait par les citoyens Belard et Fournier, commissaires des guerres à Livourne.

A Livourne, le 6 brumaire an 5 républicain.

Nous, commissaire des guerres soussigné, sur l'invitation qui nous a été faite par le citoyen Courtois, payeur de la guerre à Livourne, nous sommes transportés dans son bureau pour être présens à un versement qui doit lui être fait en vertu d'un arrêté du citoyen Salicetti, commissaire du gouvernement, en date d'hier, et pour constater à quel taux il devoit se charger en recette en liv. tournois: nous avons fait demander à la commune de Livourne de nous envoyer un agent de change public et avoué pour régler le rapport existant entre la monnoie de France et celle du pays; et la commune nous ayant envoyé M. André Tomei, changeur public, lequel nous a remis une attestation de lui signée, revêtue et authentique, par les membres de la commmune, laquelle déclaration porte que l'écu de 6 liv. de France vaut acctuellement 7 liv. du pays, et l'écu de Toscane correspond à 5 liv. 14 s. 4 d. de France : en conséquence de laquelle attestation avons constaté et constatons par la présente que, jusqu'à une nouvelle vérification de change, celui de la monnoie de Toscane avec celle de France sera calculé d'après la valeur de l'écu de 6 liv. de France pour 7 liv. de Toscane, et le payeur de la guerre se conformera à ce taux dans toutes les recettes et paiemens qu'il sera dans le cas de faire avec cette monnoie.

Fait à Livourne le jour, mois et an susdits.

Vu par le commissaire des guerres. *Signé*, Fournier, et pour copie conforme, *Signé*, Blanchard.

N°. VIII.

LIBERTÉ. ÉGALITÉ.

AU NOM DE LA RÉPUBLIQUE FRANÇAISE.

Le commissaire du Directoire exécutif près l'armée d'Italie et celles des Alpes,

Vu la lettre des citoyens Flachat, Laporte et Castelin, à nous adressée, en date de ce jour;

Vu l'ordonnance de paiement de 951,908 liv. 11 s. délivrée auxdits citoyens le 5 de ce mois par l'ordonnateur en chef de l'armée;

Vu le traité fait par lesdits citoyens Christophe Flachat, Laporte et Castelin, le 7 fructidor dernier, avec l'agent en chef des vivres, sous l'approbation du commissaire-ordonnateur en chef et du général en chef, et notamment l'article XIII qui porte : « A fur et mesure de versemens et aussitôt la présentation » des pièces comptables, l'ordonnateur en chef ordonnancera les fournitures faites, » et lesdites ordonnances seront acquittées sans délai par le payeur général, en » valeurs métalliques... »

Et attendu que l'état de la caisse ne permet pas en ce moment d'acquitter l'ordonnance ci-dessus rappelée,

Arrête,

Que le produit des marchandises saisies à Livourne, à la déduction de 300,000 liv. précédemment appliquées au payeur divisionnaire de Livourne; que celui des soies de Tortonne, ainsi que des effets et marchandises de Milan qui ont été ou seront incessamment remis auxdits citoyens Flachat, Laporte et Castelin pour en faire la vente, sont spécialement et exclusivement appliqués au paiement de ladite ordonnance de 951,908 liv. 11 s. tournois. En conséquence lesdits citoyens sont autorisés à compenser dans leurs mains le produit desdites marchandises de Livourne, Tortonne et Milan, avec ladite ordonnance, sauf, après la compensation effectuée, à en compter avec le payeur général de l'armée, et lui remettre la quittance et les pièces convenables, et sauf, en cas d'insuffisance pour compléter le montant de l'ordonnance, à s'adresser au commissaire du Directoire exécutif pour obtenir l'application de nouveaux fonds.

Milan, le 13 Brumaire, an V républicain. *Signé*, GARREAU.

Pour copie conforme. *Signé*, LAREGNÈRE et HALLER.

No. IX.

ENTRE LES COMMISSAIRES DE LA TRÉSORERIE NATIONALE, et sous l'approbation du MINISTRE DES FINANCES en ce qui le concerne;

Et la Compagnie CHRISTOPHE FLACHAT, LAPORTE et CASTELIN, de Paris; SABIN PERAGALLO et Compagnie, de Marseille; BARTHELEMI PERAGALLO et PAYAN, de Gênes; GEOFFROI, REBUFAT et Compagnie, de Livourne, représentée, aux termes de l'association, par les citoyens CHRISTOPHE FLACHAT, LAPORTE et CASTELIN;

Il a été fait les conventions suivantes.

ARTICLE PREMIER.

Attendu que les besoins de l'armée d'Italie absorbent le produit des contributions, et qu'il convient en conséquence d'en attribuer le recouvrement au payeur de ladite armée, le traité conclu le 19 messidor dernier entre la trésorerie nationale et la compagnie, ainsi que les articles ampliatifs signés le 28 du même mois, sont, du consentement commun des parties, purement et simplement résiliés à compter de ce jour.

II.

La compagnie rendra à la trésorerie nationale le compte général et définitif de sa gestion, en deux chapitres de recette et de dépense; elle portera dans la première partie de la dépense seulement les articles payés pour la Trésorerie; elle établira le solde de cette manière, et expliquera ensuite comment ce solde a été employé aux besoins de l'armée par l'application à ses ordonnances.

III.

Ce solde ou excédent de la recette sur la dépense sera laissé en totalité à la compagnie, et appliqué exclusivement et par compensation au paiement de ses fournitures faites; savoir, d'abord aux ordonnances délivrées jusqu'à ce jour par le ministre de la guerre, et ensuite aux ordonnances délivrées par l'ordonnateur en chef de l'armée d'Italie; ce qui restera dû pour solde des ordonnances de cette dernière espèce sera acquitté sans délai par le payeur de l'armée d'Italie;

à l'effet de quoi la trésorerie délivrera sur le payeur de ladite armée les ordres de paiement nécessaires.

I V.

La compagnie donne main-levée de la saisie qu'elle a fait faire des bijoux et diamans déposés entre les mains des citoyens Regny, père et fils, de Gênes : elle ne mettra aucun obstacle à ce qu'il en soit librement disposé.

V.

La compagnie s'engage à payer dans trois mois, à compter de ce jour, tous les mandats fournis par elle à la trésorerie nationale, et non encore payés, lesquels montent à environ 998,424 liv., ou à les convertir, sur la demande des porteurs, en traites sur Gênes, payables à la même époque.

V I.

La trésorerie nationale remettra à la compagnie dans trois jours, et entre les mains de la maison de Paris, Cristophe Flachat, Laporte et Castelin, la somme de 998,424 liv. en ordres sur les payeurs des départemens, en valeur métallique, or ou argent au cours de ce jour, et non autrement. Ces ordres sont stipulés payables *par urgence pour subsistances militaires et sur les premiers fonds rentrés et à rentrer* : leur produit sera imputable sur le paiement des mandats mentionnés en l'article 5, et en cas d'excédent sur les fournitures de la compagnie faites ou à faire.

V I I.

Les effets provenans des contributions, qui se trouveroient encore au pouvoir de la compagnie, seront convertis par elle de la même manière que ci-devant; elle se chargera de leur produit en recette, et l'appliquera conformément à l'article III ci-dessus.

V I I I.

Il ne sera donné à la lettre du ministre des finances, du 17 brumaire, aucune suite autre que ce qui est convenu par les présentes; et si depuis le 20 frimaire, époque postérieure à la remise des bijoux et diamans au citoyen Faypoult, par quelque cause, moyen ou autorité que ce soit, il avoit été retiré des mains de la compagnie des sommes, effets ou valeurs quelconques, la trésorerie nationale et le ministre des finances, chacun en ce qui les concerne, s'engagent à les rétablir ou faire rétablir sans délai au pouvoir de la compagnie; et jusqu'à parfait accomplissement de cette obligation, la compagnie suspendra le paiement ou la conversion des mandats stipulés en l'article V.

I X.

Toute saisie, apposition de scellés, arrestation ou exécution quelconque sur les personnes, les biens ou les maisons des membres de la compagnie ou de ses agens, qui auroient pu avoir lieu, sont annullées ; et toutes les autorités qui les auroient provoquées, ordonnées ou exécutées, seront tenues de les révoquer sur le vu des présentes, et de mettre la compagnie, ses maisons, propriétés, associés et agens, dans le même état où ils étoient avant lesdites exécutions.

X.

Les ordonnances subséquentes qui seront désormais délivrées à la compagnie, soit par le ministre de la guerre pour le service des côtes, soit par l'ordonnateur en chef pour le service de l'armée, seront payées, au choix de la compagnie, ou par le payeur de l'armée d'Italie, ou par la trésorerie nationale, en ordres sur les départemens, valeur métallique or ou argent, au cours de ce jour, stipulés, comme il vient d'être dit, payables *par urgence pour subsistances militaires et des premiers fonds rentrés ou à rentrer.*

X I.

La compagnie continuera à administrer la monnoie de Milan, en se conformant aux réglemens. Elle garantit le gouvernement de toutes les pertes qui pourroient en résulter, et en conséquence elle sera libre dans le choix des directeur et employés de ladite monnoie, et tenue de leur faire rendre compte. La compagnie compensera, avec ses fournitures, les bénéfices de la fabrication qui appartiennent au gouvernement ; à l'effet de quoi elle rendra compte tous les mois, à la trésorerie nationale, de son administration, et lui passera quittance du montant des bénéfices reconnus et liquidés en déduction de ses ordonnances.

Fait à Paris, en neuf doubles, dont un pour le ministre des finances, un pour la trésorerie nationale ; un pour le citoyen Faypoult à Gênes, un pour le général en chef de l'armée d'Italie, un pour le commissaire-ordonnateur en chef de ladite armée, et les quatre autres doubles pour la compagnie, le 3 nivôse de l'an 5 de la République française. Le présent traité sera porté, par un courier extraordinaire, en Italie, dont les frais seront alloués à la compagnie.

Signé, les commissaires de la trésorerie nationale, Declerck, Lemonnier, Desrez, Gombault.

Signé, Christophe Flachat, Laporte et Castelin.

Vu et approuvé :

Le ministre des finances. *Signé*, D. V. Ramel.

N°. X.

Copie de la lettre écrite par le citoyen Denniée au ministre de la guerre, en date du 28 brumaire an 5.

RÉPUBLIQUE FRANÇAISE.

ARMÉE D'ITALIE.

Denniée, commissaire ordonnateur en chef, au ministre de la guerre, à Paris.

CITOYEN MINISTRE,

Au moment où la campagne d'Italie redevient plus active que jamais, au moment où nos ressources pour les besoins des troupes sont presque entièrement épuisées, un nouvel incident ajoute à mes craintes sur les dangers du service administratif de l'armée : le citoyen Flachat vient de me communiquer une lettre du ministre des finances, par laquelle je vois que le citoyen Laporte a demandé, sans en prévenir ses associés, et obtenu la résiliation de la commission par laquelle la compagnie Flachat, Laporte et Castelin, étoit chargée de la recette des objets provenant des prises et des contributions dans le pays conquis.

Par cette lettre, le ministre des finances annonce à ces fournisseurs généraux des armées qu'il ne peut admettre de compensation entre ces objets, et particulièrement les soies déposées à Tortone, etc., et le compte des fournitures faites à l'armée, ou sur les côtes de la Méditerranée par ladite compagnie, parce qu'il étoit de convention expresse, dit le ministre, qu'il ne se feroit pas confusion du produit des contributions et des prises avec les comptes des fournitures.

Cependant, en admettant la compensation de ces mêmes objets, dont une partie n'est pas encore vendue, il résulte de la balance actuelle des comptes de la compagnie Flachat avec le gouvernement, que cette compagnie se trouve créancière d'une somme de plus de deux millions, ainsi que le constate le tableau ci-joint, N°. I.

C'est en m'offrant ce tableau que le citoyen Flachat vient de me déclarer, par sa lettre du 25 brumaire, qu'il alloit suspendre toutes ses fournitures et se rendre à Paris pour y réclamer l'exécution des arrêtés du commissaire du Directoire, qui établissent la compensation dont j'ai parlé, et le paiement des sommes dont sa compagnie se trouve en avance.

J'ai, comme je l'ai dû, exigé que la compagnie continuât ses versemens avec la plus grande activité; mais en rendant le citoyen Flachat et sa société responsables de toute cessation de service, en exigeant de lui qu'il assurât des fournitures, en lui promettant auprès de vous l'appui que je vous prie de lui donner, je n'ai pu m'opposer à ce qu'il allât remédier aux inconvéniens d'un acte irréfléchi de la part du citoyen Laporte, et d'une détermination qui me paroît précipitée de la part du ministre des finances, qui n'a, sans doute, ni consulté ni connu toutes les conséquences qui pouvoient en résulter.

Les derniers rapports que je vous ait faits vous auront convaincu, citoyen ministre, que le service administratif de l'armée est par-tout en souffrance, et que toutes nos ressources sont à-peu-près taries. J'ai été des premiers à m'étonner de la nature de la commission donnée à la compagnie Flachat, mais j'ai dû m'arrêter à l'idée qu'elle reposoit sur une confiance méritée de la part du gouvernement : c'est donc de ce point qu'il faut partir, autrement il n'y auroit que versatilité. La compagnie Flachat, qui avoit été tardive à son début, a rendu ses versemens plus actifs, et son exactitude dans ses paiemens lui a donné en Italie un crédit qui la met à portée de rendre aujourd'hui les services les plus essentiels. Son traité avec l'agent en chef des vivres pour les grains et liquides nécessaires à l'armée, approuvé par le général en chef et par moi, lui assuroit que la liquidation de ses fournitures se feroit à mesure des versemens. Le vide de la caisse de l'armée n'ayant pas permis d'acquitter mes ordonnances, le soin d'y pourvoir par l'abandon d'une partie des effets provenant des prises et des contributions a été une mesure impérieusement dictée par les circonstances. Le commissaire du Directoire l'a crue indispensable, comme elle l'étoit en effet; et le ministre des finances, en infirmant les arrêtés du commissaire, paralyseroit tout-à coup le service le plus important, celui des subsistances de la brave armée d'Italie.

Mais, quand la justice la plus rigoureuse n'exigeroit pas que les arrêtés du commissaire du Directoire exécutif des 13 et 16 brumaire fussent maintenus dans toute leur intégrité, la politique elle-même en feroit une loi. L'armée d'Italie soutient sa réputation éclatante par de nouvelles fatigues; elle est en ce moment aux prises avec l'ennemi; ses succès comme ses revers vont fixer en quelque sorte les destinées de l'Europe : faudra-t-il que, dans une circonstance aussi importante, ses approvisionnemens ne soient plus qu'incertains ?

Je vous envoie sous les nos. II et III les copies des deux lettres que j'ai écrites les 26 et 27 brumaire aux fournisseurs généraux, je vous prie de les lire avec attention : vous verrez que si j'ai laissé partir le citoyen Flachat, ce n'a été qu'en lui imposant, sous la responsabilité de la société et plus particulièrement sous la sienne, l'obligation de continuer ses fournitures, et qu'après l'assurance qu'il m'a donnée que le citoyen Rouillet son beau-frère, qu'il laisse ici en qualité d'agent en chef, représentant sa maison, maintiendra l'activité de nos approvisionnemens : mais ce n'est pas assez pour me tranquilliser sur un objet aussi important, je prescris au citoyen Flachat de ne pas rester à Paris plus de deux fois vingt-quatre heures ; ce temps doit lui suffire sur-tout si vous voulez bien appuyer ses démarches. Je vous supplie, citoyen ministre, de ne pas permettre que le citoyen Flachat demeure à Paris plus de temps : sa présence ici est indispensable ; ce n'est qu'avec lui que j'ai correspondu, et j'ai besoin que son activité et ses ressources personnelles me répondent de l'exactitude et de la sûreté du service.

Salut et fraternité.

Le commissaire ordonnateur en chef de l'armée d'Italie.

Signé, DENNIÉE.

A Paris, chez BAUDOUIN, Imprimeur du Corps législatif, Place du Carrousel, N°. 662.

CONSULTATION

Pour la Compagnie Flachat, Laporte et Castelin,

Sur la question de savoir si, à raison des délits qu'on lui impute, elle est justiciable d'un Conseilmilitaire.

Les Conseils soussignés, après avoir vu l'*ordre* du Directoire donné pour faire arrêter les citoyens Flachat, Laporte et Castelin; son arrêté du 21, qui déclare qu'il n'y a lieu à délibérer sur leur pétition; les divers traités de ces citoyens avec le gouvernement, et diverses lettres de leur correspondance avec les autorités constituées,

Sont d'avis que le tribunal militaire est incompétent pour les juger.

Cette question de compétence qui, sous le régime absolu, n'eût présenté qu'une question de privilège, soit pour les tribunaux, soit pour les particuliers, tient immédiatement parmi nous aux bases de la liberté civile.

Autrefois la compétence n'étoit souvent autre chose que le droit individuel de juger ou d'être jugé: c'étoit un corps qui réclamoit sa prérogative, et voyoit dans l'exercice de la justice plutôt un droit qu'un devoir; ou c'étoit souvent particulier qui, même en interrogeant la loi, tenoit à honneur de n'en recevoir les oracles que par des organes plus distingués et plus éclatans. Aujourd'hui le pouvoir judiciaire, mieux défini, est l'autorité indépendante à laquelle la constitution a confié la puissance et prescrit le devoir de juger les citoyens qui sont sur son territoire ; le droit n'est plus que pour le citoyen, et il est pour tous indistinctement. Le double principe de liberté et d'égalité, qui est la base de notre gouvernement, exclut toute idée de prérogative pour les tribunaux, d'une part, et pour les individus, de l'autre. La constitution ne dit pas, *tel tribunal a*, par préférence, le droit de juger, ou tel individu, celui d'être jugé ; elle dit, *Nul citoyen ne peut être distrait des juges* que la loi lui assigne (art. 204), et elle ne dit que cela.

Combien cette règle devient-elle plus sacrée quand, au lieu d'un tribunal ordinaire en opposition à un autre, il s'agit d'un tribunal extraordinaire, qui, dans son organisation, ses formes, ses rapports, diffère essentiellement des tribunaux constitutionnels, et qui d'ailleurs est immédiatement sous l'influence du pouvoir exécutif ; circonstance qui, dans notre système politique, est une sorte de contradiction avec le principe fondamental.

Sous deux rapports principaux et distincts, la question devient donc l'objet des plus sérieuses méditations : il s'agit d'un tribunal qui, par son organisation et son but, est en opposition avec les principes qui protégent la liberté et la propriété individuelles ; et il s'agit en même temps d'un pouvoir judiciaire qui est essentiellement dans la main du gouvernement.

Ce second rapport tenant moins immédiatement à l'intérêt des parties qui consultent, et concernant directement l'intérêt public, l'on ne fera que le présenter, et on se contentera d'en déterminer d'abord le principe général.

Il est de l'essence d'un gouvernement républicain, et en général de tout bon gouvernement, que le pouvoir judiciaire soit indépendant du pouvoir gouvernant : autrement les biens les plus sacrés de l'homme en société, la propriété, la liberté, l'honneur, la vie dépendroient du pouvoir auquel la force est confiée, et n'auroient plus de garantie : il n'y auroit plus alors qu'une puissance vaine pour les citoyens, la puissance législative ; car dès qu'elle n'a point de part à l'exécution, et qu'elle n'est, comme on l'a dit, que la pensée dans l'ordre social, les citoyens seroient nécessairement à la merci du gouvernement.

Or, si le principe de l'indépendance du pouvoir judiciaire, quoique reconnu et écrit parmi nous, dépend, dans l'application, de circonstances dont le pouvoir exécutif soit juge, et qu'à côté des tribunaux ordinaires, et en opposition avec eux, soit placé un tribunal qui, par son organisation, reçoive une influence première des agens de ce pouvoir, qui soit sous leur main, et auquel il puisse, envoyer sur-le-champ et sans obstacle tout citoyen quelconque, sous un prétexte ou d'après des motifs dont lui seul est juge, il est évident que la ligne tracée entre le pouvoir judiciaire et lui s'efface, et que suivant son gré et son opinion, le sort des citoyens est dans sa puissance.

Voilà donc l'inconvénient politique que présente l'affaire actuelle. Si, comme il sera prouvé dans l'examen de la seconde question, les citoyens Flachat, Laporte et Castelin, ne sont pas justiciables du conseil de guerre, il est évident que le renvoi qui a été fait à ce tribunal par le pouvoir exécutif, présente un abus ou une erreur de la plus funeste conséquence.

Ces citoyens sont-ils ou non suspects de prévarications ? Ce n'est pas la question que les Conseils ont à examiner : c'est la compétence, et la compétence seulement. Or, sans motifs résultant, soit de la disposition des lois, soit de la qualité des prévenus, soustraire ceux-ci à leurs juges naturels, est un mal public dont on ne peut trop signaler le danger.

Il suivroit de pareils exemples, s'ils étoient autorisés, que sous un gouvernement qui tendroit au despotisme, nul ne pourroit être à l'abri d'un tribunal militaire; il s'ensuivroit qu'un citoyen pourroit être enlevé de ses foyers, distrait de ses occupations, arraché à sa famille, envoyé à 2 et 300 lieues de son domicile, au risque de sa santé, de ses affaires, et que pendant quatre, six mois, peut-être plus, il seroit privé de sa liberté, sauf à recommencer devant les tribunaux une nouvelle procédure, si le tribunal militaire étoit jugé incompétent ; il s'ensuivroit que pendant tout ce temps il seroit opprimé, et que cette oppression, sans remède et sans vengeance, seroit un moyen assuré d'effroi et de despotisme dans la main du pouvoir gouvernant; il s'ensuivroit même que, dans le tumulte des camps, sous la main d'hommes prévenus, égarés par l'emportement du zèle, ou aigris par de longues souffrances, contre ceux qu'ils en croiroient les auteurs, le gouvernement pourroit sacrifier quelquefois des citoyens qui lui déplairoient, et alors ceux-ci deviendroient, au mépris de la loi, et dans le trouble d'un soulèvement militaire, des victimes jugées nécessaire.

Il importe donc à l'ordre public de déterminer d'une manière très-précise toutes les questions de compétence de ce genre, puisque cette facilité d'envoyer des citoyens à un conseil militaire est, pour ainsi dire, le seul moyen qu'ait parmi nous le Directoire de compromettre la liberté des citoyens ; moyen bien plus dangereux encore dans des temps de trouble où le choc et les manœuvres des partis peuvent, sous ce rapport, donner des prétextes fréquens à l'abus du pouvoir.

Passons de ce premier point de vue à celui qui intéresse immédiatement les consultans. Il s'agit à présent de fixer plus particulièrement la question sur les caractères qui différencient la jurisdiction militaire d'avec la jurisdiction ordinaire ; ce sera faire ressortir avec d'autant plus d'avantage l'intérêt et le droit qu'ont les citoyens Flachat, Laporte et Castelin à décliner le conseil de guerre.

Il est aisé d'abord de concevoir que l'on doit retrouver entre ces deux ordres de tribunaux l'opposition essentielle qui se rencontre entre l'ordre civil et l'ordre militaire. La sévérité étant l'ame de la discipline, il faut à la justice militaire des formes plus simples et une marche plus rapide. Aussi la loi qui règle la manière de procéder au jugement des délits militaires, celle du 13 brumaire an 5, reconnoît avant tout, dans l'organisation qu'elle établit, une sorte d'opposition avec le principe constitutionnel, en regrettant, par exemple, de ne pas se tenir dans les limites *des délais prescrits par la constitution pour les cas ordinaires.*

Mais l'opposition est beaucoup plus frappante dans l'organisation elle-même.

1°. C'est le chef de la force militaire qui, instruit d'un délit, de quelque manière que ce soit, par *voie de plainte*, *notoriété publique, ou autrement*, dit la loi, fait faire sur-le-champ la procédure préliminaire.

2°. C'est lui qui compose le conseil de guerre de sept membres indiqués par la loi; et il peut les changer *en tout* ou partie, *quand il le croit nécessaire*, non pas dans le procès qu'il instruit, mais avant ou après; pouvoir indispensable, peut-être, pour prévenir de plus grands abus, mais déja bien opposé aux principes ordinaires.

3°. L'accusé n'a pas la faculté de la récusation indistincte.

4°. Ce conseil est un jury de jugement, et il n'a pas été dévancé par un jury d'accusation : la simple prévention de l'accusé par la procédure établit l'état d'accusation.

5°. Sur les sept membres qui composent le conseil de guerre, cinq suffisent pour condamner l'accusé.

6°. Le même tribunal qui a prononcé sur le fait, prononce sur la peine.

7°. Nul recours au tribunal de cassation, sauf le seul cas d'incompétence.

Tels sont, pour passer sous silence plusieurs autres nuances de détail, les caractères principaux qui constituent la procédure militaire.

Quelle différence dans la procédure ordinaire!

1°. Il y a quatre ordres de procédure distincts, et dont les agens sont tous indépendans l'un de l'autre;

L'officier de police reçoit la plainte;

Un premier jury examine s'il y a lieu à accusation;

Un second jury juge si le fait est constant;

Et un tribunal applique la peine.

2°. Les juges sont nommés par le peuple, et le jury est pris indistinctement parmi tous les citoyens.

3°. L'accusé peut en récuser, à son choix et sans motif, une quantité déterminée.

4°. La séparation du jury d'accusation d'avec le jury de jugement produit pour l'accusé cet avantage inappréciable que les préventions premières de l'un ne peuvent pas influer sur le jugement de l'autre.

5°. Il y a douze jurés, et trois suffisent pour absoudre, tandis que, sur les sept membres du conseil de guerre, le même nombre de trois est nécessaire pour l'absolution.

6°. Quand le jury a prononcé sur le fait, c'est alors un tribunal tout à fait étranger à ce jury, un tribunal instruit par état, de la loi, habituellement responsable à l'opinion, c'est lui qui prononce sur la peine.

7°. Enfin, si une forme quelconque a été violée, un autre tribunal est là, qui anéantit le jugement, et redonne à l'accusé les chances d'un nouveau jury et de juges nouveaux.

Et par-dessus tout, cette terrible influence d'un pouvoir supérieur, sur le tribunal militaire, cette influence d'une autorité toujours présente, qui, à chaque instant, commande, menace, encourage, destitue, récompense, cette influence est nulle, et le pouvoir judiciaire ne répond qu'à la loi et à l'opinion; autorités toujours pures, toujours désintéressées.

Assurément une question d'incompétence, en pareil cas, est une des plus importantes pour la liberté individuelle; tout l'ordre social y est intéressé dans la personne du prévenu ; il réclame, comme lui, contre l'exception effrayante où on le place, et le danger n'est plus individuel, il menace évidemment chaque citoyen.

Aussi le législateur s'est-il empressé de rassurer tous les citoyens, en désignant avec une précision presque minutieuse les têtes sur lesquelles il suspend le glaive ; il porte plus loin le scrupule ; il craint, pour ainsi dire, qu'un tribunal si redoutable ne se méprenne encore, malgré cette désignation ; il l'avertit que nul autre *que ceux désignés par la loi ne peut être traduit devant lui* ; il va même plus loin encore, il lui soustrait les citoyens qu'il lui a assignés comme ses justiciables, si avec eux se trouvent dans le même procès des citoyens qui ne le sont pas.

« *Nul délit n'est militaire*, dit la loi du 22 messidor » an quatre, s'il n'a été commis par un individu qui fait » partie de l'armée : tout autre individu ne peut jamais être » traduit comme prévenu devant les juges délégués par la » loi militaire. »

Elle ajoute, article II : « Si parmi deux ou plusieurs prévenus » du même délit, il y a un ou plusieurs militaires, et *un* » *ou plusieurs individus non militaires*, la *connoissance en* » *appartient aux juges ordinaires.* »

Enfin le législateur, qui a enlevé à l'accusé près le tribunal militaire tout recours en cassation, veille si particulièrement sur les individus qui n'en sont pas justiciables, qu'il déroge formellement au principe, pour le cas d'incompétence.

« Le recours en cassation contre les jugemens des com- » missions

» missions militaires, dit la loi du 21 fructidor, est admis-
» sible pour *cause d'incompétence.* »

De cette analyse des principes et de cette comparaison des différences que la loi a mises entre l'ordre judiciaire commun à tous les citoyens, et l'ordre particulier qu'elle a été forcée d'établir pour le cas d'exception, suit la conséquence, que tout ici est de rigueur contre l'application du droit d'exception, et que, dans le doute, il n'y auroit pas à balancer en faveur du prévenu.

Tout ceci posé, il faut s'arrêter sur un principe important : c'est qu'en tout temps les citoyens non justiciables d'une commission militaire ont le pouvoir de décliner le conseil de guerre.

De quel droit, en effet, un tribunal criminel non compétent, et si différent sur-tout des tribunaux ordinaires, peut-il se saisir d'un citoyen, et lui ravir sa liberté, sans titre et sans l'apparence même de qualité ? De quel droit aussi peut-il exiger de lui qu'il se soumette aux chances d'une détention dont les effets, comme on l'a indiqué plus haut, sont si alarmans et peuvent devenir si funestes ? Cette obligation imposée à un accusé de se mettre en état pour être écouté des tribunaux, en est-elle une pour lui, quand le tribunal n'est pas à ses yeux le tribunal de la loi ; et, par conséquent, n'est plus qu'un instrument de violence et d'oppression ? Quelque purs, en effet, que soient les hommes qui le composent, il a droit de n'y pas voir autre chose ; et il est excusable au moins, non pas de résister par la force, mais de fuir ; il est excusable de dire : *Ce n'est pas la volonté de l'autorité égarée qui est ma règle, quand elle est évidemment en contradiction avec la volonté de la loi.*

Il seroit donc à desirer que dès le premier pas, et aussitôt que par erreur un citoyen est traduit devant un tribunal militaire, la loi l'autorisât textuellement à faire juger la compétence par le tribunal de cassation. Car il n'en est pas ici du droit de prévention comme dans les cas ordinaires. Un tribunal qui ne présente à l'accusé ni plus de désagrémens, ni plus de rigueurs, ni plus de risques que celui dont il se prétend justiciable, peut sans inconvénient juger d'abord sa propre compétence, sauf le recours de l'accusé en cassation contre le jugement qui prononce sur le déclinatoire ; mais les principes protecteurs de la sûreté individuelle réclament dès le premier abord contre tout acte qui compromet l'une et l'autre, et c'est sur-tout contre l'oppression, sans doute, que la provision est due au titre. Le titre ici est celui du citoyen ; c'est celui de l'homme libre qui n'a fait de pacte qu'avec un gouvernement qui protège sa liberté.

Quoi qu'il en soit de la manière dont les accusés peuvent proposer leur déclinatoire, nul doute que le tribunal militaire ne doive être regardé comme incompétent pour juger les délits qu'on leur impute. C'est ce qu'on va démontrer plus particulièrement.

Il s'agit maintenant d'examiner la question de compétence dans les faits mêmes de la cause, et dans ses rapports avec les accusés.

Quels sont les caractères auxquels la loi reconnoît dans un citoyen un individu justiciable des conseils de guerre ?

Il faut qu'il soit ou *militaire*, ou un *individu attaché à l'armée et à sa suite*, ou bien qu'il soit prévenu d'être *embaucheur*, ou *espion*, ou habitant d'un pays ennemi occupé par des troupes de la République (article IX de la loi du 3 brumaire an 5).

Voilà les seuls individus justiciables du conseil de guerre ; néanmoins, dans cette désignation collective, l'expression générique d'*individus attachés à l'armée et à sa suite* présente un sens vague qu'il étoit important de préciser.

C'est ce que fait l'article X, et voici comme il s'exprime : les expressions vont devenir précieuses ; car il s'agira de chercher si parmi les citoyens compris sous cette dénomination, les accusés pourront être classés dans une espèce quelconque.

Article X. « Sont SEULS réputés attachés à l'armée et à » sa suite, et, comme tels, justiciables du conseil de guere :

» 1°. Les *voituriers*, *charretiers*, *muletiers*, & *conducteurs* de » charrois, *employés* au transport de l'artillerie, bagages, » vivres et fourrages de l'armée, dans les marches, camps, » cantonnemens, et pour l'approvisionnement des places en » état de siége ;

» 2°. Les *ouvriers* suivant l'armée ;

» 3°. Les *gardes-magasins* d'artillerie, ceux des vivres et » fourrages, pour les distributions, soit dans les cantonne- » mens, soit dans les places en état de siége ;

» 4°. *Tous les préposés aux administrations*, pour le service » des troupes ;

» 5°. Les *secrétaires*, *commis et écrivains* des administra» teurs, et ceux des états-majors ;

» 6°. Les *agens de la trésorerie* près les armées ;

» 7°. Les *commissaires des guerres* ;

» 8°. Les *individus chargés de l'établissement et de la levée* » *des réquisitions* pour le service et approvisionnement des » armées, et ceux *préposés à la répartition et perception des* » *contributions militaires* ;

» 9°. Les *médecins*, *chirurgiens et infirmiers* des hôpitaux » militaires et ambulans ; *les aides ou élèves* des chirurgiens » desdits hôpitaux et ambulans ;

» 10°. Les *vivandiers munitionnaires et boulangers* de l'armée ;

» 11°. Les *domestiques* au service des officiers et des em» ployés à la suite des armées.

Telle est la nomenclature des individus qui sont censés faire partie de l'armée.

Il faut donc, pour que les citoyens Flachat, Laporte et Castelin, soient justiciables du conseil de guerre, ou qu'ils aient d'après l'article IX et X, l'une des fonctions qui caractérisent les individus faisant partie de l'armée ; ou qu'ils puissent être regardés d'après l'article IX comme *militaires*, ou comme *embaucheurs*, ou comme *espions*, ou comme *habitans d'un pays ennemi*.

Or, quels sont les faits à cet égard, et quels sont les actes ?

Le Directoire a dit que la compagnie lui avoit été dénoncée par le général Buonaparte; et sur sa dénonciation, 1°. il les regarde comme prévenus d'avoir prévariqué dans la levée des contributions prises à Livourne sur les négocians détenteurs d'effets appartenans aux Anglais.

2°. Il suppose que la compagnie s'est immiscée directement dans la manutention et distribution des fournitures faites à l'armée d'Italie, et qu'elle a simulé à cet égard des versemens, en rachetant à vil prix des bons de garde-magasin.

Et dans une lettre postérieure qui a été écrite par le général Buonaparte, et imprimée dans les papiers publics, le citoyen Flachat, l'un des associés, est accusé par lui d'avoir emporté plusieurs millions provenant des contributions.

Voilà assurément des imputations graves, et il faut qu'elles soient jugées. L'honneur même des individus accusés, quelque éclatante que fût à présent leur innocence pour qui examineroit les pièces, exige qu'ils subissent l'épreuve d'un jugement criminel ; mais quels juges doivent connoître de la question, et les condamner ou les absoudre ? Voilà la question, et c'est la seule.

Rappelons d'abord les principes sur la compétence : ou c'est le délit qui établit la compétence, ou c'est la qualité du justiciable.

Quant au délit, celui d'où dérive la compétence du conseil

de guerre, c'est le crime d'embauchage et d'espionnage; c'est-à-dire que des hommes étrangers à l'armée ou qui ne sont pas habitans du pays ennemi, n'en sont pas moins justiciables du conseil de guerre, s'ils sont prévenus d'être *embaucheurs* ou *espions*.

A l'égard de la qualité, c'est celle d'habitant du pays ennemi, ou d'individu faisant partie de l'armée, qui détermine la compétence.

Dans nul autre cas, ni le délit, ni la qualité ne rendent un individu justiciable du conseil de guerre.

Il faut donc que les citoyens Flachat, Laporte et Castelin, soient prévenus de l'un des délits, ou qu'ils aient une des désignées par la loi.

Or, quant aux délits, on ne leur reproche ni l'embauchage ni l'espionnage : donc sous ce rapport ils n'appartiennent pas au conseil de guerre.

A l'égard de la qualité, ils ne sont point regardés comme habitans du pays ennemi; reste donc qu'ils soient des individus faisant partie de l'armée.

Or, à quel titre le Directoire les traduit-il au conseil de guerre ?

On l'a vu; il les y traduit comme ayant *prévariqué dans la levée des contributions prises à Livourne sur les détenteurs de marchandises appartenant aux Anglais*,

Et comme s'étant *immiscés dans la manutention et distribution des fournitures, et y ayant aussi prévariqué.*

Voilà les deux griefs.

Distinguons toujours le délit et la qualité.

Dans le premier grief, on voit paroître les accusés comme percepteurs de contributions. L'étoient-ils ? car en vain eussent-ils abusé des contributions, s'ils n'avoient pas titre pour les percevoir, ce n'est pas le délit qui décideroit la compétence, puisqu'elle ne résulte d'aucun autre crime que de celui d'embauchage ou d'espionnage.

Ce n'est donc pas ici le délit qu'il faut examiner, c'est la qualité. A la vérité, les percepteurs des contributions sont bien désignés par la loi comme justiciables du conseil de guerre; mais si les citoyens Flachat, Laporte et Castelin, n'avoient pas droit de percevoir les contributions, en vain argumentera-t-on contre eux d'une qualité qui entraîne la compétence dès qu'ils n'avoient pas cette qualité.

Or, qu'on lise leurs traités.

Par ces traités ils sont chargés de fournir à l'armée des bleds, des légumes secs, des eaux-de-vie, des vinaigres.

Par leurs traités encore, ils étoient chargés de recevoir des objets provenant des contributions, comme bijoux, marchandises, effets quelconques, remis à eux par des individus chargés de percevoir les contributions, de les vendre ensuite, et d'en verser la valeur dans les mains et dans les lieux indiqués; voilà leurs conventions, en voilà l'esprit et la lettre; voilà par conséquent leur qualité : ils n'en ont pas d'autre.

Il y a plus; il leur est même expressément interdit, par leurs traités, de s'immiscer dans la levée ou la répartition des contributions : voici les termes de l'article III de l'un de leurs traités.

« Les contributions seront reçues des mains DE QUI DE
» DROIT par les citoyens Barthélemi Peragallo et Payen (leurs
» associés), sans que ni ces derniers, ni les autres maisons
» ci-dessus dénommées (du nombre desquelles sont les accusés)
» S'IMMISCENT EN AUCUNE MANIÈRE dans la levée ou ré-
» partition desdites contributions. »

Il est donc bien constant qu'ils n'avoient point de qualité comme percepteurs des contributions ; non-seulement on ne celle là leur donne pas, mais on la leur interdit ; cela est précis.

En vain se seroient-ils *immiscés* dans cette levée ou cette *répartition* : le fait les rendroit répréhensibles devant un tribunal, mais il ne les rendroit pas justiciables d'un tribunal militaire ; et c'est de cela qu'il s'agit.

Voyons le second grief du Directoire.

Les citoyens Flachat, Laporte et Castelin, se sont, dit-il, immiscés directement dans la manutention et distribution des fournitures faites à l'armée d'Italie, et ont malversé en ce point.

Supposons encore le délit ; même réponse que sur le premier grief. Il est vrai que les *manutentionnaires* sont textuellement désignés par la loi comme faisant partie de l'armée, et que par conséquent ils sont justiciables d'un conseil de guerre ; mais ceux qui agiroient comme manutentionnaires sans titre, ne sont pas dans la même classe. S'immiscer dans des

des fonctions et y commettre un délit, n'est pas un motif pour être regardé comme justiciable du même tribunal que le vrai fonctionnaire. Abuser d'une qualité que l'on a, et usurper celle que l'on n'a pas, sont deux choses très-distinctes. Le mal que l'on fait avec un titre, peut être le même que le mal qu'on fait après l'avoir usurpé; mais comme ce n'est pas du délit que dérive la compétence, mais bien du titre même, le délit sans le titre ne peut pas la donner.

Et la loi l'a si bien entendu ainsi, qu'elle suppose exprès l'hypothèse où le même délit seroit commis par un individu ayant qualité dans l'armée et par un individu qui n'en auroit point, et elle décide alors que, précisément à cause de la concurrence des deux, l'individu non qualifié entraîne dans les tribunaux ordinaires l'individu qualifié, et le soustrait lui-même à sa propre jurisdiction : tant le législateur redoute de traduire à un tribunal militaire les citoyens qui n'ont pas de rapport à l'armée. Il préfère de favoriser par une exception de privilège le justiciable, plutôt que de frapper par une exception de rigueur celui qui ne l'est pas.

Voici encore le texte de la loi : « Si parmi deux ou plu-
» sieurs prévenus du même délit il y a un ou plusieurs mi-
» litaires et un ou plusieurs individus non militaires, la
» connoissance en appartient aux juges ordinaires. »

En supposant donc que les accusés se fussent immiscés dans la manutention des fournitures, et y eussent commis quelques délits, il n'en résulteroit pas qu'ils fussent justiciables d'un conseil de guerre, et cela, quand même, à côté d'eux, et avec eux, les vrais manutentionnaires eussent prévariqué.

Aussi le mot même *immiscé* dont se sert le Directoire,

prouve l'incompétence ; car on ne s'immisce dans des fonctions que quand on ne les a pas.

Les citoyens Flachat, Laporte et Castelin, assurent ne s'être jamais immiscés dans cette manutention ; leur compagnie fournissoit, et ne manutentionnoit pas. Mais la preuve de ce fait importe peu ici ; c'est de la compétence qu'il s'agit, et non pas de l'innocence des accusés.

Il est donc démontré que les deux chefs d'accusation du Directoire, clairement analysés, non-seulement n'entraînent pas la compétence du tribunal militaire, mais que même ils l'excluent formellement.

A ces deux imputations, le tribunal en joindra-t-il d'autres, ou y suppléera-t-il par des accusations nouvelles ? C'est ce qu'il est difficile de supposer d'après la lecture des traités de la compagnie, et sur-tout d'après le soin qu'on a mis à rechercher les faits et les actes qui pouvoient, ou étayer la dénonciation, ou justifier la traduction des accusés à un conseil de guerre.

Cependant, comme il a été supposé par les ennemis de la compagnie qu'au moins ses membres ont abusé soit comme fournisseurs, soit comme agens de la trésorerie, et que sous ce rapport ils seroient compétens d'un tribunal militaire, il n'eſt pas inutile de considérer un instant les accusés sous ces deux aspects.

Rappelons les traités pour fixer encore les qualités.

Les accusés fournissoient à l'armée d'Italie des bleds, des liquides, et comptoient, moyennant une commission, du produit des contributions perçues par d'autres.

Ainsi *fournisseurs* et *commissionnaires comptables*, voilà leurs titres.

Fournisseurs, ils ne sont point justiciables d'un conseil de guerre ; car la loi ne regarde pas les fournisseurs comme faisant partie de l'armée ; elle ne les comprend ni directement, ni indirectement, dans sa nomenclature : et elle ne pouvoit en effet les y comprendre ; car tout négociant, tout citoyen, dans l'étendue de la République, qui vendroit des marchandises au gouvernement pour une de nos armées, seroit alors traîné à une commission militaire.

Commissionnaires comptables, ils ne sont pas encore compris dans les individus faisant partie de l'armée ; car des négocians qui font, moyennant une commission, des opérations d'argent, ne sont pas des *agens de la trésorerie près les armées*. Ceux-ci sont désignés par la loi comme attachés à l'armée ; leur qualité même le suppose : mais des agens sont des mandataires, des commis ; et des négocians vendant, moyennant une prime, des marchandises provenant de contributions, sont des spéculateurs qui comptent avec le gouvernement et ne sont que cela.

Ainsi, ni comme fournisseurs, ni comme chargés de vendre et de payer le produit des contributions, les citoyens Flachat, Laporte et Castelin, ne peuvent évidemment être censés faire partie de l'armée.

En vain donc suppléeroit-on par cette hypothèse l'insuffisance des griefs du gouvernement, la compétence n'en seroit pas mieux établie.

De tout ce qui vient d'être dit, il résulte que les accusés ne sont justiciables d'un conseil de guerre, ni à raison du délit qu'on leur impute, ni à raison de la qualité qu'ils ont d'après leurs traités; et eussent-ils commis des délits relatifs aux fournitures ou aux contributions, non-seulement ils ne deviendroient pas pour cela justiciables du tribunal militaire, mais ils entraîneroient au contraire leurs complices, faisant partie de l'armée, dans les tribunaux ordinaires; comme aussi, eussent-ils usurpé une fonction qui rend celui à qui elle appartient, justiciable du conseil de guerre, ils n'auroient pas perdu pour cela leur qualité de justiciables des tribunaux ordinaires.

Nul doute par conséquent que le tribunal militaire ne doive se déclarer incompétent.

Délibéré à Paris, ce 12 ventôse an 5.

Signé, TRONSON-DU-COUDRAY, BELLART, RIMBERT, BLACQUE, MURAIRE, CARBONNIER, PORTALIS, FEREY, BERRYER, GAIRAL, DELACROIX-FRAINVILLE, TRONCHET, BONNET.

A Paris, chez BAUDOUIN, Imprimeur du Corps législatif, Place du Carrousel, N°. 662.

www.ingramcontent.com/pod-product-compliance
Ingram Content Group UK Ltd.
Pitfield, Milton Keynes, MK11 3LW, UK
UKHW031929260826
14628UKWH00004B/1515

9 782016 144428